AUF DEM PUNKT

Carlo Masala

Warum die Welt keinen Frieden findet

Aus der Reihe »Auf dem Punkt«

Herausgegeben von Hannes Androsch

Vorwort des Herausgebers

Unsere Welt befindet sich in tiefgreifendem, rasantem Wandel. Der Umbruch der Gesellschaft mit ihrer zunehmenden Komplexität und der Umbruch politischer Ordnungen führen zu neuer Unübersichtlichkeit, welche wachsende Verunsicherung erzeugt.

Um dies abzuwenden, bedarf es Orientierung und zukunftsfähige Perspektiven. Angesichts von Halbwahrheiten und Schlagworten in alten und neuen Medien ist es notwendig, Relevantes und Irrelevantes, Sinn und Unsinn zu unterscheiden. Und es wird fundiertes Wissen über die großen Themen der Gegenwart benötigt, um durch die Flut von Daten, Halbwahrheiten und Fake News navigieren zu können und sich zurechtzufinden. Aus diesem Grund nehmen führende Intellektuelle, Expertinnen und Experten in der Reihe **Auf dem Punkt** zu den großen Fragen unserer Zeit Stellung.

Der Traum vom »Ewigen Frieden« ist gegenwärtig mehrfach zerstoben. Die zahlreichen Brandherde zeigen, dass der Kriegsgott Mars vermehrt wieder sein Unwesen treibt. Das Böse, wie im Mythos von Kain und Abel und anderen beschrieben, ist wieder ausgebrochen. Es bedarf der größten Anstrengungen, einen Flächenbrand zu vermeiden oder, schlimmer, in eine Weltkrise zu taumeln.

Europa ist von diesen Gefahren besonders betroffen und gefährdet. Ohne amerikanischen Sicherheitsschirm ist der Kontinent wie eine auf dem Rücken liegende Schildkröte, wehr- und hilflos. Europa muss sich daher dringend sicherheitspolitisch emanzipieren und selbstständig werden. Dies kann nur gemeinsam gelingen und entsprechende Mittel und Zeit erfordern. Kein EU-Land ist alleine dazu in der Lage.

Es gilt: »Wer den Frieden will, muss für den Krieg gerüstet sein«, um ihn zu vermeiden und Aggressoren abzuschrecken. Dies ist auch Voraussetzung, um alle Möglichkeiten der Friedenssicherung oder Friedenswiederherstellung mit Erfolgschancen ausschöpfen zu können.

Dr. Hannes Androsch

Einleitung

War — what is it good for?
Absolutely nothing

So lautet die zentrale Zeile eines von Norman Whitfield und Barrett Strong 1969, auf dem Höhepunkt des Vietnamkriegs, geschriebenen Songs, der vor allem in der kraftvollen Performance von Edwin Starr weltweit bekannt wurde und bis heute von unzähligen Interpreten gecovert wurde. In dieser Zeile drückt sich in der klarsten und präzisesten Weise das Unverständnis aus, das viele (wenn nicht gar die meisten Menschen) empfinden, wenn sie über Krieg nachdenken oder gar mit einem Krieg konfrontiert werden. Warum führen Staaten oder soziale Gruppen Krieg gegeneinander? Kriege kosten Unsummen Geld, töten und verstümmeln Menschen, produzieren unermessliches Leid und hinterlassen dort, wo sie geführt werden, Zerstörung, Elend, wirtschaftlichen und gesellschaftlichen Niedergang. Kurz: Krieg scheint sich nicht zu lohnen.

Dieser dem gesunden Menschenverstand entspringenden Einstellung steht das empirische Faktum gegenüber, dass Krieg Realität ist, bittere Realität. Seit es soziale Gruppen gibt, kennen wir das Phänomen gewalttätiger Auseinandersetzungen zwischen ihnen. Schon im 8. Jahrhundert v. Chr. wusste der Dichter Homer: »Die Menschen werden des Schlafes, der Liebe, des Singens und Tanzens schneller müde als des Krieges.«[1] Und auch die unzähligen Versuche, organisierte Gewalt (denn nichts anderes ist Krieg) als Instrument der Konfliktaustragung zu ächten oder zu verbieten, haben nicht zu ihrer signifikanten Abnahme oder gar ihrer Verbannung geführt. Anders als uns der an der Harvard University lehrende Evolutionspsychologe Steven Pinker glauben machen wollte, ist die Gewalt über die Jahrhunderte nicht signifikant weniger geworden, und wir können keinesfalls davon reden, dass die »besseren Engel« in uns die Oberhand haben.[2]

Insbesondere der am 24. Februar 2022 von Russland begonnene Angriffskrieg gegen die Ukraine (der als Krieg schon seit 2014 geführt wird, wenngleich nicht in dieser umfassenden Art und Weise) hat viele Menschen in West- und Mitteleuropa gleichermaßen wachgerüttelt wie verängstigt. Wähnte man zuvor, auf einem Kontinent des ewigen Friedens zu leben, wurde die Realität des umfassenden zwischenstaatlichen Krieges nun quasi über Nacht zur neuen Realität.

Zum Zeitpunkt der Abfassung dieses Essays läuft die ukrainische Gegenoffensive. Mit ihr war bei einem Großteil der europäischen Gesellschaften und politischen Eliten die Hoffnung verbunden, dass sie rasch zu erheblichen Erfolgen führen würde. Stattdessen haben wir gesehen, dass sie mit einem hohen Blutzoll beider Seiten einhergegangen ist. Die Hoffnung eines schnellen Durchbruchs der ukrainischen Truppen in den von Russland besetzten Territorien resultierte aus einem völligen Unverständnis für die Bedingungen, unter denen Krieg geführt wird. Mit größerem Wissen wäre diese Hoffnung weder aufgekommen noch später enttäuscht worden.

Warum das wichtig zu erwähnen ist? Weil die Hoffnung auf eine erfolgreiche Gegenoffensive die Idee eines schnellen Endes des Konflikts mit sich brachte. Die negativen Aussichten führen nun zu einer Ermüdung der Gesellschaften.

Wähnte man
zuvor, auf einem
Kontinent des
ewigen Friedens
zu leben, wurde
die Realität des
umfassenden
zwischenstaatlichen
Krieges nun quasi
über Nacht
zur neuen Realität.

Manche hinterfragen die Sinnhaftigkeit der politischen, militärischen und ökonomischen Unterstützung der Ukraine. Das wirkt sich auch auf die Politik aus: Die USA und europäische Staaten sprechen sich nicht mehr bedingungslos für die militärische Unterstützung der Ukraine aus. Hätte man von vornherein darauf hingewiesen, dass der Zustand des Schlachtfeldes im Süden der Ukraine einen schnellen Durchbruch verunmöglicht, wären die Enttäuschung und die daraus resultierende abnehmende Unterstützung gar nicht entstanden. Und auch der gegenwärtig stattfindende Krieg Israels gegen die Hamas, der durch den barbarischen Terrorangriff der islamistischen Organisation am 7. Oktober 2023 ausgelöst wurde, stößt aufgrund der speziellen Umstände, unter denen er stattfindet — Krieg in einem dicht besiedelten Gebiet —, bei vielen Menschen auf Unverständnis. Dieses Unverständnis ist bedingt durch Unkenntnis über die Regeln des humanitären Völkerrechts und dessen, was in einem Kampf in einem dicht besiedelten Gebiet erlaubt und was verboten ist.

Angesichts des Dilemmas, vor dem wir stehen — auf der einen Seite der verständliche Wunsch, dass Krieg ein Relikt der Vergangenheit sein sollte, auf der anderen die traurige Realität, dass er ein ständiger Begleiter der Geschichte ist —, stellen sich zwei Fragen. Erstens: Warum kommt es zu Krieg? Und zweitens, in Anlehnung an einen weiteren Anti-Kriegssong: Wozu sind Kriege da?

Es ist nicht so, dass es zu diesen beiden Fragen nicht umfassend Literatur geben würde. Zu den verschiedensten Aspekten, warum es immer wieder zu Krieg kommt und warum Staaten oder soziale Gruppen glauben, dass sie Krieg führen müssen, füllen Bücher und Aufsätze ganze Bibliotheken. Bereits in den Schriften der antiken griechischen Philosophen und Historiker nehmen diese Fragen einen zentralen Stellenwert ein, und sie werden seitdem auf empirischer wie auf theoretischer Basis von Historiker*innen und Politikwissenschaftler*innen gleichermaßen bis heute verfolgt. Insofern versucht dieser Essay die schier unübersichtliche Literatur zur Frage, warum Krieg ein dauerhaftes Phänomen sozialer Interaktion ist, zu strukturieren und in ihrer Stichhaltigkeit für die Beantwortung der beiden erkenntnisleitenden Fragen zu bewerten. In der Literatur, so wird sich im Verlauf des Buches zeigen, finden sich eine Vielzahl und Vielfalt von Ursachen für die immer wiederkehrende Entstehung von Kriegen — und in der guten Tradition sozialwissenschaftlicher Theoriebildung widersprechen sie manchmal einander oder schließen sich wechselseitig aus. Während der Politikwissenschaftler Kenneth Waltz für Theorien die möglichst einfache Darstellung postuliert hat, das heißt Erkenntnis auf wenige oder gar auf einen einzelnen Faktor zu reduzieren, ist die Realität komplex. Für den vorliegenden Erklärungsversuch, warum trotz unserer historischen Erfahrung gewalttätige Auseinandersetzungen zwischen sozialen Gruppen zumindest für eine der beiden Gruppen eine Option darstellt, reicht nicht der eine Faktor, der die Erklärung bloß in der internationalen Politik verortet. Vielmehr ist es, das werden wir sehen, ein Konglomerat von Faktoren, die zur konkreten Entscheidung führen, in den Krieg zu ziehen.

Es soll an dieser Stelle nochmals in Erinnerung gerufen werden, dass Krieg zwar eine Konstante der internationalen Beziehungen seit Menschengedenken ist. Wenn man in die Epochen der Vorstaatlichkeit schaut — auf Europa bezogen also in die Zeit vor dem Westfälischen Frieden —, dann sind gewalttätige Auseinandersetzungen zwischen sozialen Gruppen ebenso häufig vorzufinden wie nach der Entstehung des modernen Territorialstaates. Trotzdem befindet sich die Welt nicht in einem permanenten hobbessche Kriegszustand. Krieg ist nicht die dominierende Form der Konfliktbewältigung. Die Welt erlebt mehr Zeiten des Friedens als Zeiten des Krieges. Allerdings prägen sich die Brutalität und Letalität, mit der Kriege geführt werden, ein und sind in der kollektiven Erinnerung der Menschheit verankert.

Vor einigen Jahren hat uns der Kognitionswissenschaftler Steven Pinker, er wurde bereits erwähnt, in einer fulminanten Studie glauben lassen wollen, dass im Laufe der Zeit die Menschheit friedfertiger geworden sei und die Gewalt zwischen Menschen abgenommen habe. Obwohl seine Studie in Fachkreisen aufgrund ihrer zweifelhaften statistischen Methoden sowie ihrer problematischen Annahmen auf heftige Kritik gestoßen ist, entfaltete das Buch in der breiten Öffentlichkeit nachhaltige Wirkung. Die von Pinker in der Studie (fälschlich) aufgezeigte Abnahme von Gewalt, gewalttätigen Auseinandersetzungen und Letalität im Verlaufe der Zeit suggeriert, dass das Individuum ganz im Sinne der Aufklärung ein lernfähiges Wesen sei und aus den in den vergangenen Jahrhunderten verschuldeten Katastrophen langsam dazugelernt habe. Der Mensch soll die entscheidende Schlussfolgerung gezogen haben, dass sich Gewalt als Instrument einer sozialen und politischen Auseinandersetzung nicht lohnt.

Was für eine schöne Vorstellung, die Pinker hier präsentiert! Würde man ihr folgen, dann würde dies bedeuten, dass — wenn auch nicht diese Generation — zumindest die nächste oder übernächste Generation in einer Welt ohne Kriege und gewalttätige Auseinandersetzungen leben wird. Die Erfüllung eines alten Menschheitstraums. Leider wird dem nicht so sein. Das liegt nicht an Pinkers wissenschaftlich unsauberer Analyse, sondern an dem Faktum, dass Krieg eine Konstante der internationalen Politik bleiben wird. Auch in Zukunft. Warum dies so sein wird, werde ich im Folgenden darlegen. Dafür werde ich, angelehnt an die klassische Studie von David Singer[3], die Ursachen für gewalttätige Auseinandersetzungen in der internationalen Politik auf drei verschiedenen Analyseebenen beleuchten: der Ebene des individuellen Menschen, der Ebene der politischen und sozialen Systeme sowie der Ebene der Strukturen der internationalen Politik.

In dem darauffolgenden Kapitel werden vier Strategien vorgestellt, die die Kriegswahrscheinlichkeit zwischen Staaten und sozialen Gruppen minimieren sollen. Diese sind im Einzelnen: die Herstellung von Gegengewichten; die Institutionalisierung von Beziehungen; ihre Verrechtlichung sowie die Überlegung, dass wechselseitige Interdependenzen zwischen Staaten Kriege nicht zuletzt ökonomisch sinnlos machen. Es wird gezeigt, dass all diese Strategien zwar die Kriegs*wahrscheinlichkeit* minimieren, jedoch nicht Kriege gänzlich eliminieren können. Das traurige Fazit lautet deshalb, dass die Menschheit mit Krieg als einem immer wiederkehrenden Phänomen der Konfliktregulierung zwischen sozialen Akteuren leben und es akzeptieren muss — und versuchen sollte, Kriege zu verstehen.

Bevor ich auf die verschiedenen Kriegsursachen wie auch auf die Kriegsverhinderungsstrategien eingehe, gilt es den zentralen Begriff ein wenig näher zu beleuchten. Ab wann können wir von Krieg sprechen?

1

Was ist Krieg und woran erkennen wir ihn?

Imagine there's no countries
It isn't hard to do
Nothing to kill or die for
And no religion too
Imagine all the people
Living life in peace

Imagine, John Lennon

Im modernen Staatensystem lag ein Krieg ursprünglich dann vor, wenn ein Staat dem anderen den Krieg erklärte. In einem parlamentarischen System erfolgte das durch eine Erklärung des Parlaments, in nichtparlamentarischen Systemen in der Regel durch eine Rede oder ein Dekret eines Staatsoberhauptes. Seit der Verabschiedung der Charta der Vereinten Nationen 1945 ist Krieg als Mittel der Politik verboten und völkerrechtlich geächtet. Die Kriegsministerien reagierten darauf, benannten sich um und fungierten fortan als Verteidigungsministerien.

Seit 1945 gab es auf der Welt keine offiziell verkündeten Kriege mehr. Zumindest völkerrechtlich. Denn seit dem Ende des Zweiten Weltkrieges hat kein Staat einem anderen Staat formal den Krieg erklärt. In aller Regel berufen sich Staaten bei ihren militärischen Aktionen stattdessen auf das in der Charta der Vereinten Nationen zugestandene Recht auf individuelle und kollektive Selbstverteidigung (Artikel 51). Rein formal ist das kein Krieg. Somit hilft eine formale Definition bei der Frage, was ein Krieg ist, nicht weiter.

In der Politikwissenschaft versuchte man Krieg lange Zeit über quantitative Ansätze definierbar zu machen. Das berühmte »Correlates of War«-Projekt, das 1963 von dem an der University of Michigan lehrenden J. David Singer initiiert worden war und seit 2013 unter der Leitung von Zeev Maoz an der Pennsylvania State University weitergeführt wird, unterscheidet zwar verschiedene Kriegsformen. Sie alle folgen aber einer goldenen Regel: »War must involve sustained combat, involving organized armed forces, resulting in a minimum of 1.000 battle-related combatant fatalities within a twelve month period.«[4]

Krieg ist also laut dem »Correlates of War«-Projekt durch drei Charakteristika gekennzeichnet: durch (1) andauernde Kämpfe (2) organisierter Streitkräfte, in denen es (3) in einem Jahresdurchschnitt mindestens tausend Gefallene gibt.

Die Problematik ist hier eine doppelte. Zum einen sehen wir Kriege, in denen mindestens eine der beteiligten Kriegsparteien keine organisierte Armee oder keine organisierte Streitkraft hat. Wenn wir uns die Kriege seit Beginn des Projektes 1963 anschauen, stellen wir fest, dass oft militärisch höchst unorganisierte Formationen gegen organisierte Streitkräfte gekämpft und sogar gewonnen haben. In Afghanistan oder dem Irak waren es keine regulären Truppen, streng hierarchisch organisiert und zentral gelenkt, sondern Partisanen- oder Terroristengruppen. Und auch Israel kämpft gegenwärtig gegen einen irregulären Akteur, die Hamas, und sollte sich der Konflikt noch ausweiten, gegen einen zweiten, die Hizbollah im Libanon.

Die politische Bezeichnung hängt immer davon ab, wie man ihnen gegenübersteht. Unpolitisch gesprochen, sind es Aufständische, die sich in einzelnen kleinen Gruppen zusammengeschlossen haben, aber keine zentral angelegte Strategie verfolgen. Mithin stellt sich die Frage, ob das Charakteristikum einer organisierten, bewaffneten Streitmacht tatsächlich ein hinreichendes Kriterium zur Definition von Krieg generell ist.

Des Weiteren ist die reine Anzahl von Gefallenen durch Kampfhandlungen — insbesondere im 21. Jahrhundert — höchst problematisch. Der Einsatz von hochentwickelter Technologie, aber auch immer besserer Panzerung von Fahrzeugen, die Soldat*innen vor Beschuss schützen, wirft berechtigte Zweifel an einer für die Definition notwendigen Mindestopferanzahl auf. Bei riesigen Armeen, als Menschen dehumanisierend als Kanonenfutter verwendet worden waren, hatte so eine Definition noch Sinn. Aber auch Krieg entwickelt sich weiter.

Eine völkerrechtliche und eine aus den quantitativen Sozialwissenschaften stammende Definition von Krieg ist also nicht sonderlich geeignet, um sich diesem Phänomen definitorisch zu nähern. Dabei haben wir Phänomene wie Bürgerkriege und innerstaatliche Konflikte noch gar nicht in Betracht gezogen. Die Frage nach Krieg wird dadurch noch zusätzlich komplexer.

Es braucht eine Minimaldefinition. Ich schlage folgende vor: »Krieg ist eine andauernde, koordinierte Gewalt zwischen politischen Akteuren.« Mit dieser Minimaldefinition können sowohl zwischenstaatliche und innerstaatliche Konflikte als auch Bürgerkriege erfasst werden. Durch das Kriterium einer andauernden Gewalt kann Krieg von anderen Formen gewalttätiger Auseinandersetzungen abgegrenzt werden. Wenn in den Grenzregionen des Himalayas indische und chinesische Truppen aufeinandertreffen, die zwar traditionell Waffenstillstand vereinbart haben, aber dennoch immer wieder mit Stöcken und Steinen aufeinander losgehen, dann ist das kein Krieg. Selbst wenn bei diesen Zusammenstößen wie Ende 2022 Soldaten sterben, können wir nicht von Krieg sprechen. Dafür fehlen *andauernde* Gewalthandlungen.

2

What is it good for?

How many times must the cannonballs fly
Before they're forever banned?

Blowin' in the Wind, Bob Dylan

Neben der Definition von Krieg gilt es auch die Frage zu klären, warum Kriege geführt werden. Wir wollen hier nicht über konkrete Ziele einzelner Kriege reden, sondern die grundsätzliche Frage beantworten, wie Krieg zustande kommt. Ist Krieg das Ergebnis eines ihm vorausgehenden Prozesses? Oder ist Krieg ein strategisches Mittel politisch organisierter Akteure, das diese bewusst einsetzen?

Versierte Leser*innen werden sich in diesem Zusammenhang selbstredend sofort an das Diktum des preußischen Kriegstheoretikers Carl von Clausewitz erinnern. Der formulierte vor zweihundert Jahren, dass Krieg die Fortsetzung der Politik mit anderen Mitteln sei.[5] In der Tat ist Krieg kein Ergebnis, sondern eine Strategie, um den Willen des Gegners zu beeinflussen: Dieser soll sich den Forderungen der initiierenden Partei unterordnen. Der Kern jeder Kriegsdefinition muss damit das Verhalten politischer Organisationen in den Fokus nehmen. Das konkrete militärische Ziel rückt demgegenüber in den Hintergrund.

Auf Grundlage der Forschung moderner Politikwissenschaftler wie Kenneth Waltz[6] und David Singer kristallisieren sich bei der Beantwortung der Frage nach dem *Warum* drei Ebenen heraus: *Das Individuum, Politische und soziale Systeme* und *Das internationale System.* Jeweils für sich alleine genommen bietet keine von ihnen eine tatsächlich zufriedenstellende Abbildung von Kriegsursachen. Durch die Kombination der drei Ebenen kann man sich der *Warum*-Frage jedoch weitgehend annähern. Forscher*innen, die sich einer Ebene widmen, negieren die anderen nicht, halten den eigenen Fokus aber verständlicherweise für den wichtigsten. Um die Sache analytisch sauber anzugehen, werden wir die Ebenen zuerst voneinander getrennt behandeln.

Das Individuum

Die anthropologische Grundannahme

> *A hero of war*
> *Yeah, that's what I'll be*
> *And when I come home*
> *They'll be damn proud of me*
>
> *Hero of War,* Rise Against

Die mit Abstand älteste Verortung von Kriegsursachen liegt beim Individuum. Das geht auf eine

Zeit zurück, in der es noch gar keinen Krieg als solchen gab. Eine Zeit vor dem Konstrukt Staat. Im Grunde hängt das zusammen mit einem alten philosophischen Streit, der erstmals in der Antike ausformuliert wurde, aber viel weiter zurückreicht. Neben der Theodizee, somit der religiösen Frage, ob, warum und wie ein Gott Böses auf der Welt zulassen kann — kurzum dem Problem des Bösen, wie Gottfried Wilhelm Leibniz es einmal nannte —, gibt es auch eine anthropologische Dimension dieser Frage: unterschiedliche Grundannahmen über die Natur des Individuums. Werden Menschen als friedliche Wesen geboren, die durch ihre Sozialisierung böse, aggressiv und schlecht werden? Oder kommen sie schon böse, aggressiv und schlecht auf die Welt? Philosophen wie Baruch Spinoza gehen davon aus, dass dem Menschen eine böse Tendenz innewohnt, und erklären damit den Ausbruch von gewalttätigen Auseinandersetzungen zwischen sozialen Gruppen. Dass sich das inhärente Streben einer Person nach Macht in einer sozialen Gruppe geradezu exponentiell verstärkt, darauf wies in den 1940er-Jahren der aus Nazi-Deutschland emigrierte Staatsrechtler und Politikwissenschaftler Hans Joachim Morgenthau hin.[7]

Falls der Mensch
von Natur aus
gut sein sollte,
lassen sich die vielen
Kriege der Mensch-
heitsgeschichte
nicht erklären.

Werden soziale Gruppen groß genug, dann kann sich das Streben nach Macht auch in gewalttätigen Auseinandersetzungen niederschlagen — oder in Kriegen, wenn soziale Gruppen schließlich zu einem Staat werden. Der Philosoph, Mathematiker und Staatstheoretiker Thomas Hobbes war schon im 17. Jahrhundert der Meinung, dass es allein das staatliche Gewaltmonopol sei, das Menschen davon abhalte, sich tagtäglich gegenseitig die Köpfe einzuschlagen.[8] Einzig die Gefahr einer Bestrafung halte uns davon ab, gewalttätig zu sein. Für Hobbes lag es an der Natur des Menschen, die zu gewalttätigen Konflikten und schlussendlich zu Kriegen führt.

Auf den ersten Blick spricht einiges für diese Erklärung. Es gibt dabei aber ein Problem, auf das Kenneth Waltz[9] hingewiesen hat, einer der wichtigsten Theoretiker der Internationalen Politik. Denn mit diesem Erklärungsansatz lässt sich nicht begründen, weshalb — wenn der Mensch von Natur aus böse ist — es zu so langen Perioden des Friedens kommt. Es müsste viel mehr Kriege gegeben haben, als historisch beobachtet worden sind. Und im Umkehrschluss: Falls der Mensch von Natur aus gut sein sollte, lassen sich die vielen Kriege der Menschheitsgeschichte nicht erklären.

Die Überzeugungskraft der anthropologischen Grundlage für Kriege ist also begrenzt. Natürlich schließt das nicht aus, dass sie in Einzelfällen als Erklärung genügt. Wenn besonders aggressive Menschen an staatliche Macht kommen, ist die Disposition für Kriege viel höher. Nichtsdestoweniger gab es stabile Zeiten des Friedens, Krieg war die Ausnahme. In beiden Fällen scheitert eine anthropologische Erklärung. Auch die politik- und sozialwissenschaftlichen Forscher*innen haben erkannt, dass dieser Ansatz zu begrenzt ist. Man suchte die Antwort auf die Frage, weshalb es Krieg gibt, fortan woanders.

Die Brille der Wahrnehmung

Paranoia strikes deep
Into your life it will creep

For What It's Worth, Buffalo Springfield

Die moderne Sozialpsychologie hat uns daran erinnert, dass wir zwar alle in einer gemeinsamen Umwelt leben, sie allerdings ganz unterschiedlich wahrnehmen. Und das hat Konsequenzen für unser aller Handeln. Die Frage der Wahrnehmung, in der modernen Sozialwissenschaft Perzeption genannt, spielt auf der Suche nach Gründen für Kriege eine wichtige Rolle. Wenn wir annehmen, dass staatliche Akteure Situationen durch eine bestimmte Linse wahrnehmen, die aus persönlichen und historischen Erfahrungen, aus Sozialisierung und politischen Zielen besteht, wird das Individuum zu einem wichtigen Faktor bei der Erklärung, wieso es unter den gleichen Umständen in einem Fall zu Krieg kam und in einem anderen Fall nicht. Wahrnehmung bestimmt das Handeln.

Das von dem amerikanischen Soziologenehepaar Dorothy Swaine und William Isaac Thomas formulierte Thomas-Theorem besagte schon 1928: »Wenn die Menschen Situationen als real definieren, sind diese in ihren Konsequenzen real.«[10] Machen wir die Idee an einem einfachen Beispiel fest: Nuklearwaffen stellen mit ihrer großen Vernichtungskraft eine existenzielle Bedrohung dar. Trotzdem scheint eine übergroße Mehrheit der deutschen Bevölkerung kein Problem damit zu haben, dass in Frankreich circa 300 Nuklearwaffen stationiert sind und der nächstgelegene Standort sich weniger als 200 Kilometer von der deutschen Grenze entfernt befindet. Gleichzeitig sorgt das russische Atomwaffenarsenal für große Verunsicherung. Nuklearwaffe ist also nicht gleich Nuklearwaffe. Es hängt vielmehr von meiner Wahrnehmung ab, ob ich eine Atombombe als Bedrohung sehe oder nicht. Die Deutschen betrachten die Franzosen als Partner, Verbündete, Freunde. Die Russische Föderation dagegen als Gegner mit bedrohlichen Ambitionen, der selbst vor einem Nuklearschlag nicht zurückschrecken würde. Diese Einschätzung ist auf der individuellen Ebene verortet. Das hat wenig mit der objektiven Realität zu tun, sonst müsste man vor französischen Nuklearwaffen genauso viel Angst haben wie vor russischen. Das Individuum spielt bei konkreten Entscheidungen eine zentrale Rolle, weil es Situationen wahrnimmt, einordnet und dementsprechend darauf reagiert.

Zusätzlich spielt auch eine rationale Entscheidung des Individuums eine Rolle: Lohnt es sich, den Krieg zu führen? Wir wissen, dass Politiker*innen geneigter sind, einen Krieg zu beginnen, wenn sie glauben, ihn mit geringen eigenen Verlusten schnell gewinnen zu können. Müssen sie von Anfang an mit hohen Verlusten und einer langen militärischen Auseinandersetzung rechnen und befürchten, dass der Gegner die Zivilbevölkerung auf eigenem Territorium erreichen kann, nehmen sie eher Abstand von diesem Schritt.

Ein Beispiel dafür ist der russische Angriffskrieg gegen die Ukraine. Russlands Präsident Wladimir Putin war überzeugt gewesen, er könne diesen Krieg sehr schnell gewinnen und dabei nur minimale Verluste einfahren. Das zeigt auch die Ausrüstung der russischen Streitkräfte am 24. Februar 2022: Die Panzer hatten lediglich Ersatztanks dabei, weil Putin angenommen hatte, dass sie ungehindert bis nach Kiew durchfahren würden. An zusätzlich notwendige Betankungen innerhalb der Ukraine dachten er und die russische Militärführung gar nicht. Die Vorstellung, dass man seine Ziele ohne große Probleme in wenigen Tagen erreichen kann, verlockte das Individuum Putin dazu, diesen Krieg zu beginnen. Obendrein erfuhren die USA und andere europäische Nato-Staaten gerade ein Debakel beim Abzug aus Afghanistan, ihr Appetit auf ein militärisches Eingreifen war dementsprechend gering einzuschätzen. Frankreich stand kurz vor einer Präsidentschaftswahl, und es war keineswegs ausgemacht, dass Emmanuel Macron eine zweite Amtszeit erreichen würde oder sich am Ende der rechtspopulistischen, russlandtreuen Marine Le Pen geschlagen geben müsste. Deutschland hatte seit wenigen Monaten eine neue Regierung, die sich erst einmal finden musste. Und Großbritannien durchlebte immer noch das selbstverschuldete (und von Russland befeuerte) Brexit-Debakel. Das internationale Umfeld könnte sich also wie das ideale strategische Fenster gelesen haben, um die Ukraine anzugreifen. Die Vorstellung eines handlungsschwachen Westens war eine Fehleinschätzung Wladimir Putins. Hätte er zudem ein realistischeres Bild gehabt, was in der Ukraine auf ihn zukommt, und wäre er nicht davon ausgegangen, dass die ukrainische Bevölkerung seine Streitkräfte als Befreier empfangen würde, wäre seine Entscheidung womöglich anders ausgefallen. Um es mit dem amerikanischen Politikwissenschaftler Robert Jervis zu sagen: Die subjektive Wahrnehmung heißt nicht, dass die Ableitung daraus richtig ist.[11]

Ein weiterer sozialpsychologischer Bereich, der sich empirisch sehr schlecht fassen lässt, spielt ebenfalls eine Rolle: Was für einen Charakter hat das Individuum? Ist es ein Politiker oder eine

Politikerin mit hoher Risikofreude oder ein vorsichtig agierender Charakter? Krieg stellt immer ein äußerst hohes Risiko dar. Er ist zwar planbar, folgt aber seinen eigenen Regeln und kann selbst scheinbar übermächtigen Armeen eine Niederlage zufügen: »Kein Plan überlebt die erste Feindberührung.«[12] Ein risikoaverser Charakter wird wesentlich länger zögern, bevor er die Entscheidung zum Krieg trifft, als Politiker*innen, die dem Risiko zugeneigt sind. Sozialwissenschaftlich ist das schwer zu messen, man kann höchstens über das Verhalten in anderen Situationen Rückschlüsse über die Risikobereitschaft bestimmter Politiker*innen ziehen.

Gute Beispiele dafür sind Überraschungen in der jüngeren Vergangenheit: Politiker, von denen man es nicht erwartet hatte, begannen Kriege, während andere, bei denen man genau das mit gutem Grund befürchten musste, friedlich blieben. Äthiopiens Ministerpräsident Abiy Ahmed wurde 2019 für seine Aussöhnung mit dem Nachbarstaat Eritrea mit dem Friedensnobelpreis geehrt, nur um ein Jahr später in einen gewalttätigen Konflikt mit der Region Tigray zu geraten, der sich zu einem Bürgerkrieg entwickeln sollte.

Wie Abiy Ahmed wurde auch US-Präsident Barack Obama schon zu Beginn seiner Amtszeit mit dem Friedensnobelpreis ausgezeichnet. Die Kriege mit Beteiligung der USA hatte er zwar von seinem Vorgänger geerbt, seine Politik trug aber nicht zur Deeskalation bei, sondern verstärkte im Gegenteil die Konflikte. Unter Obama als Präsident und damit oberstem Befehlshaber sattelten US-Streitkräfte auf Drohneneinsätze um, was zwar amerikanische Leben schützte, dafür in Pakistan, Jemen und Somalia zu hohen Opferzahlen führte. Insgesamt genehmigte Obama 542 Drohnenattacken, bei denen 3.797 Menschen starben, 324 davon Zivilist*innen.[13]

Obamas Nachfolger Donald Trump schien durch seine ungefilterten und häufig wie unkontrolliert wirkenden Statements auf seinem bevorzugten Medium, dem Kurznachrichtendienst Twitter, wie selbstverständlich eine geopolitische Zeitbombe zu sein und früher oder später einen Krieg mit Ländern wie Nordkorea zu starten. Am Ende seiner Amtszeit war er einer der wenigen US-Präsidenten, die keinen Krieg vom Zaun gebrochen haben.

Politische und soziale Systeme

Politische Systeme

We don't need to escalate
You see, war is not the answer

What's Going On, Marvin Gaye

Die individuelle Ebene ist also nicht besonders erklärungsmächtig, wenn es um die Analyse der strukturellen Ursachen für Krieg geht. Ob der Mensch gut oder böse geboren wird, trägt wenig zur Beantwortung der Frage bei, weshalb Menschen Kriege beginnen. Ein zweiter Erklärungsansatz stammt von Immanuel Kant. Der argumentierte in seiner Schrift »Zum ewigen Frieden« schon in der Epoche der Aufklärung, dass sich Republiken friedlicher verhalten als andere Regierungsformen. Mit »Republiken« meinte Kant ungefähr das, was wir heute als repräsentative Demokratien bezeichnen würden; daher werde ich folgend der Einfachheit halber von »Demokratien« sprechen. Das liegt an dem langfristigen und komplizierten politischen Prozess, den es in diesem System braucht, um einen Krieg zu beginnen. In einer echten Demokratie muss die Gesellschaft noch viel mehr involviert werden als in anderen Staats- bzw. Regierungsformen. Der Staatsbürger muss, angesichts der Existenz von Wehrpflichtigenarmeen, oftmals seinen Sohn opfern. Das müssen Bürger autoritärer Staaten zwar auch, sie können die Entscheidungsträger aber nicht so einfach abwählen. Deshalb sind Demokratien wesentlich zurückhaltender als nichtdemokratische Systeme. Am Ende des 18. Jahrhunderts, als Kant seine Schrift verfasste, waren die politischen Systeme in erster Linie Monarchien.

Kant teilte politische Systeme überspitzt formuliert in gute und böse Systeme. Diese Systeme haben bei der Frage nach Krieg und Frieden eine eigene Dynamik. Ein für Kant gutes System war, wie eben erwähnt, die Republik im Sinn einer repräsentativen Demokratie oder eines demokratieähnlichen Zustandes, in dem die Herrschenden gezwungen sind, die Zustimmung des Parlamentes zur Kriegsführung einzuholen. Auch die Gesellschaft muss involviert werden, da sie es ist, die letzten Endes die Soldaten zur Verfügung stellt. Das alles macht es demokratischen Staaten sehr schwer, Kriege zu initiieren. Auf der anderen Seite liegt der Schluss nahe, dass absolute Herrscher, die mit keinen hemmenden Faktoren konfrontiert werden, relativ einfach Kriege führen können. Sie haben eine größere Kontrolle des Informationsflusses und damit mehr Möglichkeiten, die Bevölkerung in ihrem Sinne zu beeinflussen. Parlamentarier müssen sich in absoluten oder autoritären Systemen nicht um ihre Wiederwahl bemühen, sie haben ihre Sitze fix, und können deshalb weniger Rücksicht auf die Bevölkerung nehmen, die ihre Söhne, Ehemänner und Väter opfern muss. Auch heute noch argumentieren wir, dass Demokratien wesentlich zögerlicher sind, Kriege zu führen, als autoritäre Staaten. Seit den 1970er-Jahren gibt es in der Politikwissenschaft eine große Debatte über einen statistischen Befund, dass sich Demokratien untereinander friedfertiger verhalten. Es ist in der Tat so, dass es kaum Kriege zwischen Demokratien gibt, seit dem Zweiten Weltkrieg fast überhaupt keine. Gleichzeitig haben autoritäre Staaten sehr viele Kriege initiiert. Es scheint also etwas dran zu sein, dass das politische System die Entscheidung über Krieg oder Nicht-Krieg beeinflusst — es gibt nur noch keine zufriedenstellenden Erklärungen, weshalb das so ist.

Statistisch gesehen stimmt es, dass Demokratien untereinander keine Kriege führen. Das Forschungsprojekt »Antinomien des demokratischen Friedens« der Hessischen Stiftung Friedens- und

Konfliktforschung zeigt allerdings auf, dass Demokratien sehr wohl in vielen Kriegen involviert sind.[14] Der Punkt, Demokratien seien inhärent friedfertiger, lässt sich empirisch nicht aufrechterhalten. Sie sind lediglich anderen Demokratien gegenüber friedfertiger, gegenüber nichtdemokratischen Systemen verhalten sie sich durchaus aggressiv.

Für diese Beobachtung gibt es zwei Erklärungsversuche. Den einen nennt die Politikwissenschaft dyadische Erklärung. Sie beschreibt das, was schon Kant befand: Demokratien nehmen sich untereinander als besonders wahr und projizieren die eigenen Hemmnisse auch auf das Gegenüber. Ein Staat, der weiß, wie schwer es im eigenen System ist, einen Krieg zu beginnen, kann einer anderen Demokratie gegenüber friedfertiger sein. Immerhin steht das Gegenüber vor den gleichen Problemen, eine Kriegsgefahr ist dadurch minimiert. Es kommt zwar zu Konflikten, doch eine militärische Eskalation ist unwahrscheinlich. Bei autoritären Staaten muss immer mitbedacht werden, dass sie Gewalt einfacher einsetzen können und diese dadurch ein häufiger genutztes Werkzeug sein kann.

Demokratien sind lediglich anderen Demokratien gegenüber friedfertiger, gegenüber nichtdemokratischen Systemen verhalten sie sich durchaus aggressiv.

Die zweite Erklärung, die ich sehr sympathisch finde, stammt aus einem provokanten Aufsatz, den die amerikanische Politikwissenschaftlerin Suzanne Werner schrieb, als am Ende der 1990er-Jahre die Diskussion über demokratischen Frieden sehr en vogue war. Werner erklärte, dass auch sozialistische Staaten selten Kriege führen. Es könnte ja sein, dass das Nicht-Kriegführen nicht an einem spezifischen System liegt, sondern lediglich an der Gleichartigkeit politischer Systeme.[15] Der deutsche Politikwissenschaftler Christopher Daase hat diesen Punkt exzellent weiterentwickelt und darauf hingewiesen, dass Demokratien untereinander keine Kriege führen, weil diese Herrschaftsform weltweit in der Unterzahl ist. Eine schützenswerte Minderheit sozusagen. Daase dachte logisch weiter und fragte sich, was passieren würde, sollte es einmal mehr Demokratien als Nichtdemokratien auf der Welt geben. Würde das Wegfallen dieser Besonderheit dazu führen, dass auch Demokratien ihre Konflikte miteinander mit Gewalt zu lösen versuchen?[16]

Schlussendlich finden wir auch in den politischen Systemen keine zufriedenstellende Antwort, weshalb es Kriege gibt. Wir haben zwar den Befund, dass Demokratien untereinander weniger Kriege führen, doch wir wissen nicht, weshalb. Wir haben den Befund, dass Demokratien mit anderen Systemen, allen voran autoritären Staaten, viele Kriege führen. Das einzige Argument, das man hier in Bezug auf Kriegshandlungen gelten lassen kann, ist, dass es in Demokratien schwerer ist, sie zu beginnen. Parlamente und die Gesellschaft müssen involviert, lange Prozesse durchlaufen werden, die am Ende, wenn ein Krieg verloren wird, mit dem Machtverlust einer Regierung enden können. Dennoch führen Demokratien deshalb nicht weniger Kriege.

Kommen wir noch auf ein theoretisches Argument zu sprechen. Wie sehen Konstellationen aus, in denen sich sowohl demokratische als auch autoritäre Staaten unter den gleichen Bedingungen gleich verhalten? Nehmen wir ein herausragendes Beispiel: Die demokratischen USA, das demokratische Großbritannien und die nichtdemokratische Sowjetunion zogen gemeinsam gegen das autoritäre »Dritte Reich« in den Krieg. In einer Zeit, in der Nazi-Deutschland die größte Bedrohung für die Sicherheit Europas war, haben Demokratien und Nichtdemokratien die Entscheidung getroffen, *gemeinsam* gegen diese Bedrohung vorzugehen. Das Gleiche kann man mit Blick auf den zweiten Golfkrieg sagen, wo demokratische und autoritäre Staaten eine Allianz eingegangen sind, um Saddam Hussein aus Kuwait zu vertreiben. In den 1990er-Jahren war es sogar eine Zeit lang so, dass man von einer Kriegsanfälligkeit von Demokratien sprechen konnte. Die Nachfolgestaaten der Sowjetunion, die sich 1991 bis 1993 bildeten, gerieten in ihren Anfangsjahren in viele militärische Auseinandersetzungen. Und tatsächlich stellten die Forscher Dan Reiter und Allan Stam in ihrer Studie »Democracies at War«[17] fest, dass junge Demokratien mit schwachen Institutionen weitaus kriegsanfälliger sind als etablierte, die über starke Institutionen verfügen.

Kriege können ein Werkzeug für den sogenannten Nation-Building-Prozess sein. Krieg als Ausnahmesituation führt zu einem Solidarisierungseffekt der Bevölkerung. Sie rückt näher zusammen, weil es ein gemeinsames Ziel, einen gemeinsamen Gegner gibt. Man nennt das »Rally 'round the Flag«, wörtlich: »Sich um die Flagge scharen«. Diesen Effekt wollte angeblich Margaret Thatcher 1982 erzielen, als sie nach der argentinischen Invasion die Falklandinseln zurückerobern wollte, um von innenpolitischen Problemen abzulenken. Gleiches sagt die Forschung über den Angriff der argentinischen Militärjunta. Deren Strategie ging nicht auf, die Militärs in Buenos Aires wurden gestürzt, die Demokratie wiederhergestellt.

Soziale Systeme

Wait until the war is over
And we're both a little older

The Unknown Soldier, The Doors

Neben der Fokussierung auf die politischen Systeme gibt es weitere Ansätze, die das Handeln von Staaten bestimmen. Man muss nicht weit schauen, um auf die klassische Imperialismustheorie von Wladimir Lenin zu stoßen. Lenin meinte, der Staat sei nur ein Agent des Großkapitals; in der heutigen Zeit hätte er vermutlich von multinationalen Konzernen gesprochen. Wenn alle Märkte gesättigt seien, brauche das Großkapital neue Märkte, für die der Staat zu sorgen habe. Der Staat führe demnach Kriege und müsse neue Territorien erobern, um neue Märkte zu erschließen, damit das Großkapital noch reicher werden könne. Lenins Imperialismustheorie ist ein gutes Beispiel für eine in sich geschlossene Theorie, die

Der Afghanistankrieg soll ebenfalls wegen des Zugriffs auf Ressourcen geführt worden sein, doch auch in diesem Fall gibt es dafür keine Beweise.

absolut Sinn ergibt, sich jedoch nie empirisch verifizieren ließ. Sie geht davon aus, dass Kriege vor allem für Ressourcen geführt werden. Während des Zweiten Golfkrieges (1991) gab es in Deutschland viele Proteste, weil man glaubte, dass der Krieg um die Kontrolle der kuwaitischen Ölquellen geführt werde. Krieg für Ressourcen wurde als unredlich betrachtet und abgelehnt. Eine Minderheit argumentiert derzeit, dass Russland die Ukraine überfallen hat, um an die ressourcenreiche Donbass-Region zu kommen. Frankreich soll nur deshalb in der Sahelzone vertreten sein, um die Uranminen in Niger schützen zu können. Seit einem Militärputsch in Niger im Juli 2023 liegt die Macht in den Händen einer Junta, die Frankreich gegenüber deutlich konfrontativer auftritt als ihre Vorgängerregierungen. Die Franzosen befürchten daher in erster Linie einen Engpass ihrer Uranimporte, die für den Betrieb der französischen Atomkraftwerke gebraucht werden. Der Afghanistankrieg soll ebenfalls wegen des Zugriffs auf Ressourcen geführt worden sein, doch auch in diesem Fall gibt es dafür keine Beweise. Die zwischenzeitliche Kontrolle von Ressourcen war natürlich ein willkommener Nebeneffekt. Und dennoch: Der erste Auftrag, den die afghanische Regierung vor der

Machtübernahme der Taliban vergeben hat, ging an ein chinesisches Unternehmen. Die USA waren zusammen mit anderen Nato-Staaten zwanzig Jahre lang in Afghanistan und das erste große Geschäft mit Schürfrechten macht ein chinesischer Konzern! Mit der Ressourcenkontrolle war es also nicht weit her.

Ökonomisch geleitete Theorien für einen Kriegsbeginn halten einer tieferen Untersuchung nicht stand. Die USA führten den zweiten Irakkrieg auch nicht wegen Ressourcen, sondern neokonservative Kräfte wie Paul Wolfowitz hofften durch eine Demokratisierung des Iraks viel mehr auf einen Kaskadeneffekt im Nahen Osten. Die Idee war, dass die demokratische Bewegung innerhalb der Bevölkerung auf Syrien und andere Staaten der Region überschwappt. So ein Demokratisierungsprozess hätte auf der einen Seite Israel sicherer gemacht, das plötzlich von Demokratien umgeben gewesen wäre. Auf der anderen Seite hätte das auch einen Rückzug der USA aus der Region zur Folge gehabt.

Parallel dazu besteht die weit verbreitete Annahme, dass Krieg zugunsten eines militärisch-industriellen Komplexes betrieben wird. So nannte es US-Präsident Dwight D. Eisenhower in seiner Abschiedsrede. Krieg als Wirtschaftsfaktor, der die Rüstungsindustrie und Streitkräfte antreibt, neue Waffensysteme zu entwickeln.[18] Als Rechtfertigung dieser Entwicklung kann nur eine immer neue Bedrohungslage dienen. Sicherlich hat die Lobby der Rüstungsindustrie großen Einfluss auf die Politik. Gleichzeitig aber ist Selbstoptimierung ein inhärentes Phänomen eines jeden Militärs. Es ließ sich bisher noch nie ein Kriegsbeginn auf Handlungen eines militärisch-industriellen Komplexes zurückzuführen.

Selbstredend ist ein Krieg auch immer ein Konjunkturprogramm für die Rüstungsindustrie. Streitkräfte verschießen Munition und Raketen, zerstören Panzer, versenken Schiffe und vernichten Flugzeuge. All das muss wieder nachgekauft werden. Und neue Waffensysteme, die zum ersten Mal eingesetzt wurden und sich bewährt haben, wecken Begehrlichkeiten bei anderen Streitkräften. Das berühmteste Beispiel dafür sind wohl US Patriot-Systeme im Zweiten Golfkrieg. Als befürchtet wurde, dass Saddam Hussein Raketen mit chemischen Sprengköpfen auf Israel abfeuern könnte, um die Situation horizontal zu eskalieren — also andere Staaten in den Konflikt mithineinzuziehen —, holten sich auch andere Staaten Patriot-Abwehrbatterien. Und als sich Israel mit diesen Patriots vor einigen irakischen Raketenangriffen schützen konnte, wurden sie zu einem regelrechten Verkaufsschlager. Es ist also klar, dass die Rüstungsindustrie von Kriegen profitiert, es fehlt aber jedweder empirische Beweis, dass sie zusammen mit Militärs jemals Staaten in einen Krieg getrieben hat.

Auch gesellschaftlich fehlt es also an Nachweisen, mit denen Kriegsursachen erklärt werden können. Es können nur Effekte beobachtet werden, die von Krieg beeinflusst werden.

Das internationale System

> *For we who grew up tall and proud*
> *In the shadow of the mushroom cloud*
>
> Hammer to Fall, Queen

Nachdem ich dargelegt habe, dass sowohl auf der Ebene des Individuums als auch auf der Ebene der politischen und sozialen Systeme die Erklärungen für Kriege wenig zufriedenstellend sind, muss der Grund außerhalb liegen. Auf einer dritten Ebene: der Ebene des internationalen Systems. Sie ist am ehesten geeignet, Kriegsursachen zu erklären. Ausformuliert wurde diese Kategorie von dem bereits erwähnten US-amerikanischen Politikwissenschaftler Kenneth Waltz, der mit »Theory of International Politics« (1979) eines der wichtigsten Bücher der internationalen Politik geschrieben hat. Waltz formulierte darin als Erster eine Idee aus, die in der Forschungsliteratur immer im Hintergrund herumschwirrte, aber nie greifbar gemacht werden konnte. Es gibt ein internationales System, das Staaten zu bestimmten Aktionen antreibt und von anderen abhält. Waltz hat beobachtet, dass Staaten, die intern komplett unterschiedlich aufgebaut sind — Demokratien, Autokratien, Monarchien und Mischformen —, sich in bestimmten Konstellationen sehr ähnlich verhalten. Wenn das passiert, kann man das Verhalten nicht mit dem jeweiligen politischen System erklären und es kann auch nicht an einem Individuum an der Spitze liegen, sondern es muss einen übergeordneten Grund dafür geben.

Was ist dieses internationale System? Früher erklärte es die Wissenschaft als die Summe der Aktionen und Reaktionen aller Staaten. Waltz legte

1979 nun dar, dass es mehr sein müsse, dass das internationale System ein Konstrukt sei, das auf Staaten einwirke. Es ist also nicht nur ein Sammelbegriff für das Handeln aller Staaten, sondern umfasst auch die Wechselbeziehung zwischen Staaten und dieser Konstruktion der Einwirkung. Waltz vergleicht es zunächst mit einem staatlichen System: In jedem Staat gibt es Hierarchien, ganz egal, ob es sich um eine Demokratie, Autokratie, Diktatur oder Monarchie handelt. In einem Fall sind es Exekutive, Legislative und Judikative, im anderen ist es ein Diktator an der Spitze, mit einem engen Zirkel an Getreuen unter sich. Diese Hierarchie fehlt im internationalen System. Es zeichnet sich durch Anarchie im politikphilosophischen Sinne aus: Anarchie als die Abwesenheit von systemweiter Herrschaft.

Waltz meint damit, dass es keine überstaatliche Instanz gibt, die über Regeln wacht und Regelverletzungen automatisch sanktioniert. Auch nicht die Vereinten Nationen, denn die sind den Staaten nicht übergeordnet, sondern werden durch Staaten konstituiert. Fünf Staaten haben als ständige Mitglieder mit Blick auf Krieg und Frieden eine herausgehobene Position im Sicherheitsrat

Das internationale System zeichnet sich durch Anarchie im politikphilosophischen Sinne aus: Anarchie als die Abwesenheit von systemweiter Herrschaft.

der Vereinten Nationen. Russland, China, Frankreich, Großbritannien und die USA können Regelverletzungen benennen und Staaten sanktionieren, doch wenn einer von ihnen nicht mitspielt und von seinem Vetorecht Gebrauch macht, sind dem Sicherheitsrat die Hände gebunden. Bricht jemand in einem Staat Gesetze, beginnt automatisch ein Prozess: Die Polizei ermittelt, die Staatsanwaltschaft klagt an und das Gericht spricht ein Urteil. Im internationalen System gibt es das nicht. Selbst die Unterteilung in verschiedene Funktionen wie Polizei, Staatsanwaltschaft und Gericht fehlt. Hier müssen die Staaten alle Funktionen selbst übernehmen. Sie sind also in Sachen Wohlfahrt und Sicherheit auf sich allein gestellt. Es existieren zwar Allianzen, doch jeder Staat muss sich in erster Linie um sich selbst kümmern. Zentral ist in diesem System die Machtverteilung zwischen mächtigen und weniger mächtigen Staaten. Waltz spricht hier von einem anarchisch-dezentralisierten Selbsthilfesystem.

Was folgt nun daraus? Wenn es keine übergeordnete Instanz gibt, auf die Staaten vertrauen können, erzeugt das eine Situation der Unsicherheit. Man kann sich nie sicher sein, was die Intention des Gegenübers ist, und muss stets davon ausgehen, dass es Böses im Schilde führt. Jeder muss sich um seine eigene Sicherheit kümmern. Im internationalen System herrscht ein permanentes Gefühl der Unsicherheit. Daraus resultiert letzten Endes ein Macht- und Sicherheitsdilemma.

Macht und Sicherheit sind keine absoluten Güter, sie sind relativ. Sie hängen von zwischenstaatlichen Konstellationen ab. Um ihre Sicherheit zu garantieren, versuchen Staaten deshalb, Macht zu akkumulieren. Man könnte von einem subjektiven Sicherheitsgefühl sprechen. Sicherheit ist aber kein unendlich verfügbares Gut. In ihrem Streben nach maximaler Sicherheit verunsichern Staaten andere Staaten. Die versuchen ihrerseits sicherer zu werden und schaden damit wiederum dem Sicherheitsgefühl anderer. So schaukelt sich die Situation immer weiter hoch. Willkommen beim Wettrüsten. Und alles nur, weil sich Staaten nie über die Intention ihres Gegenübers sicher sein können.

In diesem Macht- und Sicherheitsdilemma wird Krieg immer eine Möglichkeit bleiben. Ein Staat baut militärische Stärke für die eigene Sicherheit

Aus Sicht Washingtons ist diese Aufrüstung eine Sicherheitsbedrohung.

Spiegelbildlich ist die überragende militärische Macht der USA eine Gefahr, die Chinas Handeln im asiatischen Raum einschränkt.

auf und muss damit rechnen, dass sein Gegenüber, der das Gleiche tut, zu einem Angriff bereit wäre, um sich selbst zu schützen. Es ist wichtig zu verstehen, dass dies ein echtes Dilemma ist und nicht gelöst, sondern im besten Fall minimiert werden kann. Krieg bleibt letzten Endes ein rationales Mittel, um zu verhindern, dass andere Staaten mächtiger werden als man selbst.

Ein klassisches Beispiel ist die amerikanisch-chinesische Konfrontation. Die Amerikaner gehen davon aus, dass die chinesische Aufrüstung dazu dient, eine Hegemonie in Asien zu errichten und den Einfluss der USA zurückzudrängen. Das würde die globale Dominanz des US-Militärs einschränken. Darauf deuten zumindest Pekings Pläne hin, die Zahl der Nuklearsprengköpfe in den nächsten zehn Jahren von momentan 300 auf über 1.000 zu erhöhen. Die USA müssen sich fragen, wofür China Interkontinentalraketen braucht, wenn es nur um die Vorherrschaft in Asien geht.[19] Aus Sicht Washingtons ist diese Aufrüstung eine Sicherheitsbedrohung. Spiegelbildlich ist die überragende militärische Macht der Vereinigten Staaten eine Gefahr, die Chinas Handeln im asiatischen Raum einschränkt. Auf beiden Seiten fehlen nun

Informationen über die Intentionen des jeweils anderen. Eine Konstellation, die zu Krieg führen könnte.

Der Politikwissenschaftler Graham Allison vertritt die Meinung, dass ein Krieg dann am wahrscheinlichsten ist, wenn die Machtpotenziale beider Staaten annähernd gleich sind. Die USA wären demnach versucht, China nicht aufschließen zu lassen, und China könnte sich stark genug fühlen, um die amerikanische Überlegenheit zu brechen. Während der Phase des Wettrüstens besteht auch immer die Gefahr, dass die stärkere Macht präventiv handelt, um eine längere militärische Auseinandersetzung zu verhindern.

Zur Beruhigung sei festgehalten, dass das Macht- und Sicherheitsdilemma zwischen Atommächten aufgrund ihres Nukleararsenals minimiert ist. In diesem Szenario, in dem Staaten eine Zweitschlagfähigkeit haben und auf einen Nuklearangriff immer mit einem nuklearen Gegenschlag reagieren können, kann es keinen Gewinner geben. Nuklearwaffen fallen in der politischen Auseinandersetzung damit gänzlich weg. Der Militärstratege Bernard Brodie nannte Nuklearwaffen deshalb gänzlich politische Waffen[20], die gemacht wurden, um vor einem Angriff abzuschrecken. Freilich war das nach dem Angriff auf Hiroshima und Nagasaki.

Mit dem Macht- und Sicherheitsdilemma und dem internationalen System kann aber nicht alles erklärt werden. Der russische Angriffskrieg auf die Ukraine hat nichts mit harter militärischer Sicherheit zu tun. Russland versuchte vor seiner Invasion seine Truppenbewegungen zwar teilweise mit der Nato-Osterweiterung zu erklären, was ein klassisches Macht- und Sicherheitsdilemma wäre. Die Nato wächst, um sicherer zu werden, Russlands Sicherheit wird dadurch geschmälert. Doch nach dem 24. Februar 2022 argumentierte die Russische Föderation in erster Linie, dass die Ukraine ein künstlicher Staat ohne Existenzberechtigung sei und in Wahrheit zum russischen Territorium gehöre. Es war kein Dilemma, sondern ein ontologisches Momentum, aufgrund dessen Russland in die Ukraine einmarschiert ist. Eine Vernichtung der Ukraine hätte keine positiven Auswirkungen auf die russische Sicherheit, sie würde nur einer neoimperialen Logik der russischen Führung dienen.

Die Erklärungsmächtigkeit des internationalen Systems erlaubt zu verstehen, weshalb es immer wieder zu Krieg kommt. Dabei werden die anderen beiden Ebenen nicht nivelliert, sondern ergänzt. Das internationale System fügt zusätzliche Aspekte hinzu, die in einer Analyse mitbedacht werden müssen. Ein wesentlicher Aspekt ist, dass es im internationalen System keine Institution gibt, die über Regelverletzungen wacht und automatisch sanktioniert. Das ist ein Anreiz für Staaten, Kriege zu beginnen, weil es bei den Konsequenzen durch die internationale Staatengemeinschaft immer einen Spielraum geben wird. Alles ist Verhandlungssache, alles ist Verhandlungsmasse.

Die einzige Möglichkeit, das zu ändern, wäre eine Weltregierung. Dann gäbe es kein internationales System mehr, sondern nur eine einzige Regierung als oberste Instanz. Konflikte wären dann innerstaatliche Angelegenheiten. Schon Immanuel Kant beschäftigte sich mit dieser Möglichkeit. Er nannte das Friedhofsruhe.

Eine Vernichtung
der Ukraine
hätte keine positiven
Auswirkungen
auf die russische
Sicherheit,
sie würde nur
einer neoimperialen
Logik der russischen
Führung dienen.

3

Wie wir Krieg minimieren können

Reckon we could offer peace time
from weapons conventions
It's on the table

British Bombs, Declan McKenna

Nachdem ich im vorigen Kapitel dargelegt habe, wie es zu Krieg kommen kann, und festgestellt habe, dass jeder Erklärungsansatz eine Rolle spielt, die überragende Rolle aber die Struktur des internationalen Systems und das damit einhergehende Macht- und Sicherheitsdilemma einnimmt, stellt sich nun die logische Folgefrage: Wie können wir Krieg minimieren? Wie das Macht- und Sicherheitsdilemma? Denn es muss noch einmal gesagt werden, dass dieses Dilemma ein echtes Dilemma im ursprünglichen Sinn des Wortes ist. Man kann es nicht auflösen, lediglich verringern. Folgend werden einige Strategien zur Kriegsminimierung vorgestellt und auf ihre Stärken und Schwächen hin untersucht. Von ihnen aber zu erwarten, dass mit ihrer Hilfe das Phänomen Krieg von der Bühne der internationalen Politik getilgt werden kann, wäre der falsche Ansatz.

Der Politikwissenschaftler Ernst-Otto Czempiel hat in seinem Buch »Friedensstrategien«[21] erhellend dargelegt, dass es seit Menschengedenken unzählige Überlegungen dafür gibt, wie man Krieg verbannen könnte. Ich werde mich auf die vier gängigsten, populärsten Strategien zur Minimierung des Macht- und Sicherheitsdilemmas konzentrieren. Das sind die Herstellung eines Gleichgewichts, die Stärkung internationaler Organisationen, Handelsbeziehungen und eine stärkere völkerrechtliche Gesetzgebung.

Die Idee eines statischen Gleichgewichts ist nichts anderes als eine Strategie der Machtpolitik. Es geht um den Aufbau eines starken Militärs, um als Gegenmacht wahrgenommen zu werden. Man will signalisieren, dass sich die Initiierung eines Krieges nicht lohnt oder nur mit unakzeptablen Kosten für den Angreifer verbunden ist. Die Strategie der verstärkten internationalen Beziehungen geht einen anderen Weg: Durch enge Zusammenarbeit vor allem in internationalen Organisationen sollen die Informationssicherheit erhöht und die Interessen aller Beteiligten dauerhaft verändert werden. Ähnlich die Idee von weitreichenden Handelsbeziehungen, die bei einem Krieg zusammenbrechen würden: Die Opportunitätskosten von Krieg wären demnach so hoch, dass er kein probates Instrument der Außenpolitik mehr ist. Die letzte Strategie ist die Verrechtlichung internationaler Beziehungen. Es soll ein völkerrechtlicher Rahmen geschaffen werden, der Krieg so sehr ächtet, dass er nicht mehr angefangen wird.

Bevor wir uns diesen Strategien zuwenden, lassen Sie mich noch einmal einen der wesentlichen Gründe für Krieg ins Gedächtnis rufen. Kriege brechen immer wieder aus, weil sich die verschiedenen Player nicht über die wahren Intentionen ihres Gegenübers sicher sein können. Sie sind ständig mit der Problematik konfrontiert, dass sie aus ihrer Sicht immer unzureichendes Wissen haben, welche Ziele von der Gegenseite tatsächlich verfolgt werden. Es reicht nicht, sich auf die öffentlichen Aussagen eines potenziellen Konkurrenten zu verlassen. Zu viele Beispiele aus der Geschichte zeigen, dass die Handlungen von Akteuren konträr zu ihren Aussagen stehen können. Ein klassisches Beispiel ist die berühmte Aussage von Walter Ulbricht, der 1961, ohne konkret danach gefragt worden zu sein, versicherte: »Niemand hat die Absicht, eine Mauer zu errichten.« Zwei Monate später begann die DDR mit dem Mauerbau. Ein anderes Beispiel ist Russland, das im Herbst 2021 so tat, als wäre die Ansammlung der russischen Streitkräfte an der ukrainischen Grenze Teil einer Manöverübung. Eine Invasion sei nicht geplant, versicherte der Kreml damals. Es dauerte nicht lange, bis diese Aussage als Lüge entlarvt war. Solche Beispiele lassen sich in der Geschichte unzählige finden. Selbst die Existenz von Auslandsgeheimdiensten kann das Problem des Informationsmangels nicht gänzlich beseitigen. Das Defizit kann nur verkleinert werden. Die folgenden Strategien sollen dabei helfen.

Das militärische Gleichgewicht: Are you strong enough to be my man?

Weapons, not food,
not homes, not shoes
Not need, just feed
the war cannibal animal

Bulls on Parade, Rage Against the Machine

Die Strategie der Gegenmacht ist allgemein unter dem Begriff »Balance of Power« bekannt. Historisch wurde sie lange Zeit dahingehend missverstanden, dass es Staaten darum gehe, einem Gegner militärisch ebenbürtig zu sein. Wenn zwei Staaten annähernd gleich stark sind, soll der Anreiz verloren gehen, einen Krieg zu beginnen.

Denn der wird in erster Linie dann geführt, wenn das angreifende Land von einem kurzen Einsatz bei geringen eigenen Verlusten ausgehen kann. Das gelingt meist bei einer massiven Überlegenheit. Ist der Gegner jedoch gleich stark, fällt diese Bedingung, die Staaten zu einem Angriff verleiten kann, weg.

Das ist ein sehr physikalisches Konzept von Gleichgewicht. In der Realität findet man es in dieser Rigidität kaum vor. Staaten sind nie gleich stark, es ist viel mehr wie beim Autoquartett: In manchen Bereichen ist ein Staat überlegen, in anderen unterlegen. Der eine hat die bessere Luftstreitkraft, der andere die stärkere Marine. Die Idee der »Balance of Power« wandelte sich von dieser physikalischen Vorstellung folglich hin zu einem dynamischen Ansatz. Staaten müssen nicht gleich stark sein, sondern nur stark genug, damit ein Gegner von vornherein sieht, dass es kein billiger, schneller Krieg werden, sondern es auf beiden Seiten hohe Verluste geben wird. Bei einem Blick in die Geschichte lässt sich dieses dynamische Gleichgewicht viel öfter vorfinden als das statische, das vor allem im 17. und 18. Jahrhundert weit verbreitet war.

Staaten müssen nicht
gleich stark sein,
sondern nur
stark genug, damit
ein Gegner von
vornherein sieht,
dass es kein
billiger, schneller Krieg
werden,
sondern es auf
beiden Seiten hohe
Verluste geben wird.

So war die Sowjetunion ökonomisch nie auch nur annähernd so stark wie die Vereinigten Staaten von Amerika, aber die relative Ausgeglichenheit, die in den militärischen Fähigkeiten zwischen den beiden Supermächten vorherrschte, wirkte auf beide Seiten abschreckend. Der Kalte Krieg war trotz seines Namens eine jahrzehntelange Friedenszeit.

Letzten Endes geht es um eine militärische Aufrüstung von Staaten. Seit dem Ende des Zweiten Weltkrieges ist dieses Gleichgewicht bei den Großmächten oftmals auf die Existenz einer gesicherten nuklearen Zweitschlagfähigkeit reduziert worden. Das ist sicherlich ein wirkungsmächtiger Erklärungsgrund der Frage, weshalb es seither keine große militärische Auseinandersetzung zwischen Großmächten gab. Aber sie trägt nicht zur Erklärung der vielen Kriege bei, die seither begonnen worden sind. Kriege, die immer noch konventionell geführt werden und die ganz ohne eine Erstschlag- oder eine Zweitschlagmöglichkeit auskommen. Auch der Besitz von Nuklearwaffen hindert Staaten nicht daran, relativ begrenzte konventionelle Kriege zu führen, so wie es zum Beispiel zwischen Indien und Pakistan im Dritten Kaschmirkrieg (1999) der Fall war. Hier bewirkte die Tatsache, dass beide Kontrahenten über Nuklearwaffen verfügten, dass es in diesem Konflikt zu keiner Eskalation kam, die das Staatsgebiet Pakistans oder Indiens, abgesehen von Kaschmir, zum Kriegsschauplatz gemacht hätte.

Die Kriege der jüngeren Vergangenheit liefen nach dem konventionellen Bild von Gleichgewicht ab. Der Zweite Golfkrieg von 1991 ist ein gutes Beispiel dafür. Die massive Überlegenheit der USA und der von ihr angeführten Koalition führte zu einem relativ raschen Sieg gegen den Irak. Die eigenen Verluste hielten sich gleichzeitig im Rahmen. Wie der Krieg tatsächlich verlief, ist dabei nicht so wichtig wie die Tatsache, dass die Vereinigten Staaten den Verlauf genauso einschätzten und deshalb angriffen.

Anders allerdings kann es aussehen bei Konflikten zwischen Staaten und nichtstaatlichen Akteuren. Dort sind die Voraussetzungen andere und die »Balance of Power« stößt an ihre Grenzen. Dass ein überlegener Staat bei geringen eigenen Verlusten leichtes Spiel hat, trifft hier nicht notwendigerweise zu. Sowohl die USA in Vietnam, Frankreich in Algerien als auch die Sowjetunion in Afghanistan (und die internationale Koalition in Afghanistan seit 2001) mussten feststellen, dass gegen irreguläre Truppen schlecht Krieg führen ist. Diese setzen in ihrem Kampf gegen konventionelle Streitkräfte auf Partisanentaktiken, manchmal auch Terroranschläge, und verfolgen andere Ziele. Staatliche Akteure sind mit ihrer konventionellen Überlegenheit oft nicht in der Lage, diese Kriege schnell zu beenden, ganz im Gegenteil. Oftmals müssen sie sich nach langer Aktivität in diesen Ländern als Verlierer zurückziehen.

Es gilt das Diktum von Henry Kissinger, selbst US-Außenminister während des Vietnamkrieges: »Die Guerilla gewinnt, wenn sie nicht verliert. Die reguläre Armee verliert, wenn sie nicht gewinnt.«[22] Der Vorteil liegt auf der Zeitachse: Irreguläre Akteure zermürben ihre Gegner, je länger sie die Kampfhandlungen hinauszögern, die immer mehr Soldaten verlieren und wachsenden Druck von der sogenannten Heimatfront, von der eigenen Bevölkerung, zu spüren bekommen. Und das geschieht immer schneller.

Ev'rywhere I hear the sound
of marching, charging feet, boy
'Cause summer's here and the time is
right for fighting in the street, boy

Street Fighting Man, Rolling Stones

»Westliche Gesellschaften« sind nicht mehr bereit, einen hohen Blutzoll für irreguläre Kriege zu zahlen. Die Proteste in den USA gegen den Vietnamkrieg waren eine Reaktion auf die 36.000 Soldaten, die bis einschließlich 1968 in Südostasien gefallen waren. Die gesellschaftliche und kulturelle Bedeutung dieser Antikriegsbewegung wirkt bis heute. Die Unmutsbekundungen in den Gesellschaften der Vereinigten Staaten und anderer Länder während der Afghanistan- und Irakkriege seit 2001 bzw. 2003 fielen wesentlich intensiver aus, setzt man sie in Relation zu den eigenen viel geringeren Verlusten. Bis 2016 starben in Afghanistan und Irak zusammen rund 6.800 US-Soldaten, zwischen 1961 und 1975 geht man unterdessen von rund 58.000 gefallenen GIs aus.[23] Wohlgemerkt: Jeder getötete Soldat ist einer zu viel, und es soll hier keinesfalls eine Relativierung betrieben werden, indem kühl die reinen Gefallenenzahlen verglichen werden. Für die Nicht-Bereitschaft zu einem hohen Blutzoll gibt es mehrere Erklärungsansätze. Der eine ist die Idee der postheroischen Gesellschaft. Geprägt ist diese Gesellschaft von langen Friedensperioden, und Familien entwickelter Staaten — meist Demokratien — haben weniger Kinder als früher. Sie sind deshalb auch nicht mehr so schnell bereit, das Leben ihrer Söhne und Töchter, ihrer Väter und Mütter zu opfern. Die Vorstellung oder der Wunsch, einen Kriegshelden in der Familie zu haben, kann den damit verbundenen Verlust nicht mehr aufwiegen. Dadurch sinkt die Unterstützung für militärische Maßnahmen einer Regierung. Ich würde hinter diese Theorie ein großes Fragezeichen setzen. Logischer erscheint mir, dass Gesellschaften in vielen Fällen nicht mehr von der Notwendigkeit eines Krieges überzeugt sind und deshalb keinen hohen Blutzoll entrichten wollen.

Es gibt noch ein anderes Argument, das das Postulat der Strategie des Machtgleichgewichts schwächt. Staatliche Rüstung wurde historisch in eskalierend und deeskalierend eingeteilt. Insbesondere der Politikwissenschaftler Charles Glaser hat sich dieser Frage angenommen und argumentierte für eine deeskalierende Wirkung von Rüstung.[24] Und zwar dann, wenn die Aufrüstung erkennbar der Verteidigung dient und damit kein Angriff vorbereitet werden kann. Überspitzt gesagt: Wer nur Schilde, aber keine Schwerter kauft, rüstet sich defensiv. In diesem Fall minimiert sich das Macht- und Sicherheitsdilemma, da dem potenziellen Gegner durch *die Art* von Rüstung signalisiert wird, dass es nur darum geht, das eigene Territorium vor Angriffen zu schützen, und nicht darum, fremdes Territorium zu attackieren. Im Gegenzug kann eine offensive Rüstungsstrategie eskalierend wirken, da dem Gegenüber Informationen über die Motivation der Aufrüstung fehlen. Was die Gegenseite sieht, kann leicht als Vorbereitung für einen Angriff interpretiert werden, dem sie dann ihrerseits durch einen Präemptivschlag zuvorkommen will.

Diese innerhalb der realistischen Schule populäre Argumentation[25] scheitert spätestens im 21. Jahrhundert (ich würde behaupten, schon seit dem 18. und 19. Jahrhundert) an der militärischen Weiterentwicklung von Waffen und Waffensystemen. Heutzutage können Waffensysteme sowohl defensiv als auch offensiv eingesetzt werden. Letzten Endes gibt es weder defensive noch offensive Waffensysteme, einzig ihre Verwen-

Letzten Endes gibt es weder defensive noch offensive Waffensysteme, einzig ihre Verwendung ist entscheidend.

dung (in einer Situation der Verteidigung oder in einer Situation des Angriffes) ist entscheidend. So können sich Staaten mit Luftverteidigungssystemen gegen Luftangriffe auf das eigene Territorium verteidigen, sie können damit aber auch laufende Offensivaktionen absichern, das heißt, diese Systeme bei einem Angriff einsetzen. Beim Kauf oder bei der Entwicklung eines Luftverteidigungssystems kann das Gegenüber also keine Rückschlüsse mehr über die Verwendung ziehen. Das Macht- und Sicherheitsdilemma wird nicht minimiert.

Ein erhellendes Beispiel dafür, wie ein und dasselbe System je nach Wahrnehmung als offensiv oder defensiv eingeschätzt werden kann, bietet die zypriotische S-300-Krise. Als die Regierung der Republik Zypern 1998 ankündigte, russische S-300-Luftverteidigungssysteme (Boden-Luft) zu kaufen, argumentierte sie rein defensiv. Diese Systeme seien dazu gedacht, eine Verletzung des eigenen Luftraums durch türkische Kampfflugzeuge zu verhindern und im Ernstfall abzuwehren. Also eine rein defensive Maßnahme. Dies wurde von der türkischen Seite gänzlich anders gesehen. Ankara erklärte das System zu einer potenziellen Bedrohung für die türkische Südküste, interpretierte die zypriotischen Intentionen somit offensiv. Nach wochenlangem Streit, der mit konkreten Kriegsdrohungen für den Fall, dass die Republik Zypern diese Systeme stationieren sollte, einherging, einigte man sich darauf, dass die Regierung in Nikosia zwar auf den Erwerb der S-300 nicht verzichten würde, sie jedoch nicht in Betrieb nehmen würde.

Die vorgestellte »Balance of Power«-Idee kann das Dilemma zu einem gewissen Teil minimieren. Jeder Staat wird immer bestrebt sein, stärker als sein Gegenüber zu werden. Der amerikanische Politikwissenschaftler Dale Copeland hat in einer Studie nachgewiesen, dass das Zeitfenster einer militärischen Auseinandersetzung am weitesten geöffnet ist, wenn sich zwei Mächte annähernd ebenbürtig sind.[26] Kurz bevor ein Gleichgewicht erreicht werden würde, könnte der (noch) überlegene Staat versuchen, seine Vormacht zu behalten, indem er den aufschließenden Staat angreift. Und der aufrüstende Staat könnte versucht sein, den Machtunterschied mit einem Überraschungsangriff zu verringern. Oder er verschätzt sich und glaubt, schon ebenbürtig zu sein.

Wie erwähnt, ist das Hauptproblem der derzeitigen amerikanisch-chinesischen Beziehungen: Peking will militärisch aufschließen, Washington will das verhindern. Bereits jetzt haben wir die Situation, dass Fachleute der Meinung sind, ein Krieg wäre für die USA weder militärisch noch ökonomisch leistbar, was wiederum eine Versuchung für China darstellen könnte. Die Volksrepublik will die militärische Vorherrschaft der USA durchbrechen, vor allem im asiatischen Raum.

Internationale Organisationen: Let's work together

In der jüngeren Vergangenheit wurden neben bilateralen Lösungsansätzen auch andere Wege gesucht, Gewalt zu vermeiden. Vor allem im 20. und zu Beginn des 21. Jahrhunderts war die Idee der Kriegsminimierung durch staatliche Zusammenarbeit in internationalen Organisationen sehr beliebt. Kurz: Staaten, die öfter zusammenarbeiten, erfahren mehr übereinander und das Informationsdefizit wird geringer. Im 17., 18. und 19. Jahrhundert gab es diese Möglichkeit noch nicht. Damals war zwar die Idee internationaler Organisationen in Friedens- und Sicherheitssachen theoretisch schon geboren[27], aber praktisch existierten keine regionalen oder internationalen Organisationen im Bereich der Friedenssicherung. Institutionen, die am ehesten in dieser Richtung zu verorten wären, beschränkten sich in erster Linie auf funktionale Bereiche wie das Kommunikationswesen.

Das änderte sich im Jahr 1945 mit der Gründung der Vereinten Nationen. Im Rahmen ihrer Charta wurde ein Sicherheitsrat geschaffen, in dem unter anderem fünf ständige Mitglieder die Verantwortung für die Wahrung des Weltfriedens übernahmen. Frankreich, Russland, Großbritannien, die USA und China — die Siegermächte des Zweiten Weltkrieges — werden darin abwechselnd von anderen Ländern unterstützt. Für die Jahre 2023 und 2024 sind das Ecuador, Japan, Malta, Mosambik und die Schweiz. Seit der Gründung der Vereinten Nationen gibt es eine Reihe an Instrumenten, die zur Minimierung von Kriegen oder zumindest zu ihrem raschen Ende führen sollen. An vorderster Front steht Artikel 2 der Charta: das festgeschriebene Verbot von Angriffskriegen.[28]

Mitglieder können gemäß Artikel 51 nur noch Krieg führen, wenn sie der »individuellen und kollektiven Selbstverteidigung«[29] dienen. Und damit

Das Kriegsverbot wirkte kaum mäßigend, es veränderte nur die Argumentation.

führen sie de facto keinen Krieg, sondern verteidigen sich nur. Für Maßnahmen, die nicht mit Artikel 51 begründet werden können, bedarf es eines Mandates des Sicherheitsrates. Dafür müssen alle fünf ständigen Mitglieder zustimmen (oder sich enthalten; eine Enthaltung zählt als Zustimmung). Dieses Kriegsverbot führte dazu, dass fast alle militärischen Auseinandersetzungen staatlicher Player nach 1945 ausschließlich mit Bezug auf dieses Selbstverteidigungsrecht erfolgten. Das Kriegsverbot wirkte kaum mäßigend, es veränderte nur die Argumentation.

Trotzdem lassen sich auch positive Entwicklungen feststellen, die aus der Institutionalisierung der Vereinten Nationen resultieren. In den 1950er-Jahren wurde das Instrument des Peacekeepings eingeführt, das in der Charta nicht vorgesehen war und von Völkerrechtler*innen und Politolog*-innen als Kapitel 6½ bezeichnet wird. Es steht sinngemäß zwischen dem Kapitel der friedlichen Streitbeilegung (Kapitel VI — Die friedliche Beilegung von Streitigkeiten) und dem Kapitel zur Friedenserzwingung (Kapitel VII — Maßnahmen bei der Bedrohung oder Bruch des Friedens und bei Angriffshandlungen). Mit dem System des Peacekeepings können die Vereinten Nationen bei militärischen Konflikten durchaus Erfolge vorweisen. In Afrika, Lateinamerika und Asien führte Peacekeeping, das später in den 1990er-Jahren zu einem robusteren Instrument ausgebaut wurde, zwischen den 1950er- und 1990er-Jahren durchaus zu Erfolgen. Man denke beispielsweise an Zypern, Osttimor oder an Kambodscha.

Der Nachteil dieses Systems liegt auf der Hand: Die fünf ständigen Mitglieder des Sicherheitsrates können ihrerseits Mandate erteilen, damit militärisch gegen andere Staaten vorgegangen werden kann, wie zum Beispiel 1991 das Mandat für die USA, die irakischen Streitkräfte aus Kuwait (UNSR-Resolution 678) zu vertreiben, oder aber das Mandat nach 9/11 (UNSR-Resolution 1363 und 1378), den Terrorismus in Afghanistan zu bekämpfen. Andererseits können sie mögliche Zwangsmaßnahmen gegen sich selbst mit ihrem eigenen Vetorecht verhindern. Trotzdem haben diese und andere internationale Organisationen einen friedensfördernden Effekt, argumentieren ihre Befürworter. Das liege an der engeren und beständigen Kooperation zwischen Mitgliedsstaaten einer internationalen Organisation, wodurch deren Aggressivität abgeschwächt, im besten Fall sogar aufgelöst werde. Die dahinterstehende Idee ist eng verbunden mit einem schon mehrfach thematisierten Problem: Die Unsicherheit über die wahren Intentionen des anderen wird durch beständige Interaktion vermindert. Das stellte schon Robert Axelrod in einer großen Studie über die Evolution der Kooperation in den 1970er-Jahren fest.[30] Die Interaktion zwischen Staaten in Gremien internationaler Organisationen führt zu einer Erwartungs- und Verhaltensverlässlichkeit.[31]

Theoretisch ausgedrückt erfahre ich über dieses dauerhafte Zusammenspiel Einblicke in die Ziele und Interessen meines Gegenübers. Ich kann Informationen sammeln. Das löst zwar nicht das grundsätzliche Problem, aber ich kann mein Gegenüber realistischer einschätzen. Schlussendlich auch bei der Frage, ob mein Gegenüber einen militärischen Angriff oder eine militärische Aggression gegen andere plant. Gleichzeitig verändert diese beständige Kooperation nicht nur die Kommunikation, sondern auch das Verhalten zwischen Staaten. Es entwickelt sich eine Strategie, die man im Deutschen am besten als »Wie du mir, so ich dir« beschreiben könnte. Ein Staat reagiert reziprok auf das Verhalten seines Gegenübers. Tritt ein Staat aggressiv auf, tut es ihm der andere gleich. Ist der eine kooperativ, gibt sich auch der andere bemüht. Die große Erwartung an internationale Organisationen liegt in der Kooperation.

Konstruktivisten trieben dieses Argument im 20. Jahrhundert noch weiter und meinten, die Zusammenarbeit in internationalen Organisationen würde Staaten sozialisieren. Militärische Gewalt als Mittel der Konfliktlösung würde mit Blick auf das Gegenüber kein angemessenes Verhalten mehr sein, weil ihr dem sozialen Kontext entsprechend nun eine angemessene Logik fehle.[32] Krieg zur politischen Konfliktregulierung sei nicht mehr denkbar. Sehr stark wurde dieses Argument mit Blick auf die Europäische Union vorgebracht und es entbehrt dort nicht einer gewissen Plausibilität. Die dort interagierenden Staaten betrachten sich gegenseitig weder als Feind noch Gegner, sondern tendenziell als Freunde. Krieg als Mittel der Konfliktregulierung ist zwischen Freunden denkunmöglich geworden. In diesem sozialen Zusammenhang (EU) ist Krieg kein angemessenes Instrument mehr.

Tritt ein Staat
aggressiv auf,
tut es ihm der andere
gleich.
Ist der eine
kooperativ, gibt sich
auch der andere
bemüht.
Die große Erwartung
an internationale
Organisationen
liegt in der
Kooperation.

Auf andere Institutionen ist dieser Sozialkonstruktivismus nicht anwendbar. Im Sicherheitsrat der UN sind die Staaten keine Freunde, sondern Konkurrenten. Krieg ist hier — wenn auch in weite Ferne gerückt — nicht auszuschließen. Für viele Institutionalisten und auch Konstruktivisten ist das gegenwärtige Verhältnis zwischen »dem Westen« und Russland deshalb ein Rätsel. Russland sieht hier keinen Konkurrenten mehr, sondern nimmt das Staatenkollektiv als Feind wahr. In diesem Interaktionszusammenhang versagen alle positiven Effekte, die zwischen Russland und »dem Westen« gegebenenfalls aus der dauerhaften Kooperation in internationalen Organisationen resultiert haben mögen. Zwischen Staaten, die sich als Feinde wahrnehmen, ist Krieg eine realistische Option.

Frieden durch Handel

> *Oh you tell me that there's danger to*
> *this land you call your own*
> *And you watch them build the war machines right beside your home*
>
> What Are You Fighting For, Bill Ochs

Eine lange Zeit besonders populäre Idee der Friedenssicherung war Frieden durch Handel. Krieg könne, so die Vorstellung, durch internationale Verbandelungen von der Bildfläche der internationalen Politik verschwinden. Gegenseitige wirtschaftliche Abhängigkeiten von Staaten sollen Krieg ökonomisch unattraktiv machen. Je mehr Staaten miteinander verflochten und voneinander abhängig seien, desto mehr schwäche ein Krieg beide Seiten.

Insbesondere in den letzten vier Jahrzehnten war diese Idee besonders beliebt. Westliche Staaten versuchten sowohl China als auch Russland mit ökonomischen Mitteln von möglichen militärischen Auseinandersetzungen abzuhalten. Während ein wirtschaftlicher Schaden Krieg verhindern sollte, hätten die vertieften Beziehungen und der stärkere Austausch zu einer Sozialisierung Chinas und Russlands führen sollen.

Mit Blick auf ihren Angriffskrieg in der Ukraine sehen wir, dass die grundlegende Idee der ökonomischen Interdependenzen die Russische Föderation nicht von der Invasion abhalten konnte. Drei Tage vor Kriegsbeginn erkannte der Kreml die aufständischen — und von Russland unterstützten — Volksrepubliken im Osten der Ukraine offiziell an. Das führte zu umgehenden Sanktionen. Dennoch zog Russland seine Planung durch und riskierte Sanktionen auf seine zwei wichtigsten Rohstoffe: Öl und Gas.

Russland wusste, dass ihm erhebliche Einnahmen wegbrechen würden. Gleichzeitig haben die langjährigen Wirtschaftsbeziehungen bei einigen westlichen Staaten, insbesondere bei der Bundesrepublik Deutschland und Österreich, zu einer hohen Abhängigkeit von russischem Gas geführt. Die Verflechtungen verhinderten also nicht nur keinen Krieg, sondern könnten Moskau sogar in der falschen Sicherheit gewogen haben, dass der Angriff zu keiner heftigen Sanktionierung führen würde, da europäische Staaten einfach zu abhängig von russischen Gaslieferungen wären. Und die europäischen Staaten wurden zu der falschen Einschätzung getrieben, dass Russland sich der hohen ökonomischen Kosten eines Angriffs bewusst sei und die wertvollen Beziehungen sicher nicht gefährden würde. Am 24. Februar zeigte sich in aller Deutlichkeit, dass das nicht der Fall war.

Man kann sicherlich argumentieren, dass die ökonomischen Interdependenzen, die zwischen

Russland und Deutschland (und anderen europäischen Staaten) existierten, nicht wirklich wechselseitig waren, sondern sehr einseitig. Deutschland war von Russland in einem viel höheren Grad abhängig als umgekehrt. Aus dieser Sicht konnten, so die logische Folgerung, die Handelsbeziehungen nicht kriegsverhindernd wirken. Das ist insofern richtig: Russisches Gas war wichtiger als deutsches Geld. Erst kürzlich erzählte der frühere lettische Präsident Valdis Zatlers Medien, dass Deutschland 2008 federführend einen Nato-Beitritt der Ukraine verhinderte, um Russland nicht zu verärgern. Bei ihrem ersten Treffen soll Kanzlerin Merkel Zatlers zuerst gefragt haben, wie er zur Nord-Stream-Pipeline stünde. Für Zatlers sei klar gewesen, dass von ihm die Zustimmung zu dem Projekt verlangt wurde.[33]

Es ist generell schwierig, ein Beispiel zu finden für eine Situation, in der es »perfekte« Interdependenzen gibt. In aller Regel sind wechselseitige Abhängigkeiten durch ein Ungleichgewicht gekennzeichnet. Kriegsverhindernde Wirtschaftsbeziehungen wirken theoretisch sehr attraktiv, existieren in ihrer Idealform jedoch kaum. Auch

Der Westen
musste vielmehr
feststellen,
dass Peking in
Asien aggressiver
auftrat,
als es global
ökonomisch stärker
wurde.

dem schon erwähnten, sich derzeit aufschaukelnden Konflikt zwischen China und den Vereinigten Staaten ging eine jahrzehntelange ökonomische Verflechtung voraus. Vor allem zu Anfang der 1990er-Jahre wollte die Clinton-Regierung China in die Weltwirtschaft integrieren, dadurch ökonomische Abhängigkeiten schaffen und die Volksrepublik in ihrem außenpolitischen Verhalten sozialisieren. Das hat sich in diesem Ausmaß nicht erfüllt.

Es ist sicherlich richtig, dass China von der aktiven Einbindung in die Strukturen der Weltwirtschaft und von der explosionsartigen Globalisierung in den 1990er-Jahren in herausragendem Maß profitiert hat. Es gab zwar eine lange Phase, in der China vom Technologie- und Wissenstransfer aus dem Westen abhängig war, um die eigene Infrastruktur und Volkswirtschaft aufzubauen. Doch das hat nicht dazu geführt, dass sich China außen- und sicherheitspolitisch sozialisiert hat. Der Westen musste vielmehr feststellen, dass Peking in Asien aggressiver auftrat, als es global ökonomisch stärker wurde.

Gleichzeitig war die chinesische Wirtschaft eifrig darum bemüht, diese Abhängigkeit so rasch wie möglich zu reduzieren und westliches Know-how zu replizieren. Das Land wurde zu einem Innovationszentrum, aus dem viele Technologien der Zukunftsbereiche kommen, die unser aller Leben betreffen. So gibt es für künstliche Intelligenz exakt zwei Forschungszentren: eines in den USA und eines in China. In der für den Kampf gegen die Klimakrise so wichtigen E-Auto-Produktion ist China Marktführer, investiert Milliarden in die Transformation und übt so Druck auf den europäischen Automarkt aus. Aus einem wirtschaftlichen Aufholen wurde ein technologisches Voranschreiten. Auf dem 20. Parteitag verkündete die Kommunistische Partei 2023, dass man weiter bestrebt sei, die Abhängigkeit von westlichen Importen zu reduzieren. Sie sollen auf ein absolutes Minimum heruntergefahren werden.

China hat die Versuche kapitalistischer Staaten aus dem Westen, gegenseitige Abhängigkeiten zu schaffen, dreißig Jahre lang für den eigenen Aufstieg genutzt. Sie ließen die Wirtschaft der Volksrepublik, den regionalen wie globalen Einfluss Pekings und den Wohlstand der chinesischen

Bevölkerung wachsen. In dem Moment, als China glaubte, es brauche das westliche Wissen nicht mehr, hat es begonnen, sich von diesen möglichen Beschränkungen zu lösen.

Völkerrecht

In your head, in your head, they are fightin'
With their tanks and their bombs and their bombs and their guns
In your head, in your head, they are cryin'

Zombie, The Cranberries

Eine der ältesten Ideen, Kriege zwischen Staaten verschwinden zu lassen, ist die Verrechtlichung internationaler Beziehungen. Schon im Briand-Kellogg-Pakt von 1928 findet sich ein Kriegsverbot. Verrechtlichung heißt, dass internationale Beziehungen in großen Teilen wie innerstaatliche Beziehungen ablaufen sollen. Soziale Gruppen unterliegen innerhalb einer Gesellschaft allen Regeln der Rechtsprechung. Ihnen ist klar, was erlaubt und was nicht erlaubt ist. Bei kriminellem Verhalten wird man zur Rechenschaft gezogen. So soll es auch bei Ländern sein: Wer gegen internationales Recht verstößt, soll sanktioniert werden. Oder wichtiger: sich seiner Sanktionierung sicher sein können.

Vertreter*innen dieser Idee sind natürlich nicht so naiv, dass sie die Augen vor den Problemen dieser Verrechtlichung verschließen. Wie schon gesagt, fehlt eine den Staaten übergeordnete Autorität, die das Einhalten von Regeln überwacht und das Brechen von Völkerrecht automatisch bestraft. Sie setzen vielmehr auf die begrenzende Wirkung der Rechtsprechung an sich. Die Geschichte internationaler Beziehungen kennt im Kriegsbereich viele Kodifizierungen. So gibt es nun Regeln zur Kriegsführung, das sogenannte *ius in bello*. Nicht alles, was möglich ist, ist auch erlaubt. Natürlich halten sich die kriegsführenden Parteien nicht immer an diese Regeln, wie man derzeit in einem erschütternden Maße an den zahllosen russischen Kriegsverbrechen in der Ukraine sieht. Doch das kann bestraft werden. So dürfen nur militärische Ziele angegriffen werden, Soldaten müssen Abzeichen ihrer Armee tragen, es wird der Umgang mit Kriegsgefangenen geregelt und Waffenarten werden eingeschränkt, Giftgas ist zum Beispiel verboten. Krieg ist stark verrechtlicht und kodifiziert.

Wir erleben, dass sich Staaten in Kriegen an viele dieser Regeln halten. Natürlich gibt es Ausreißer, wie die wahllose Zerstörung Syriens durch russische Streitkräfte (inklusive mehrerer Verdachtsfälle von Giftgaseinsätzen), doch viele Staaten schränken sich selbst ein. Das resultiert meines Erachtens weniger aus der Wirkungsmächtigkeit des *ius in bello*, sondern aus der Tatsache der Reziprozität. Staaten haben einen Vorteil, wenn sie sich in Kriegen ans Völkerrecht halten, und hoffen, dass der Gegner es ihnen gleichtut, um eine weitere Eskalation zu verhindern. Wie schon bei internationalen Organisationen gilt immer wieder das Motto »Wie du mir, so ich dir«. Wer seine Kriegsgefangenen gemäß den geltenden Konventionen behandelt, hofft, dass es den eigenen Soldaten in Gefangenschaft gleich ergeht. Wer zivile Gebäude verschont, kann davon ausgehen, dass auch die eigene zivile Infrastruktur nicht angegriffen wird. Es entsteht eine gegenseitige Erwartungshaltung mit Vorteilen für beide Kriegsparteien, die vom Kriegsrecht ausgehen. Das Völkerrecht wirkt auf Staaten mäßigend.

In der jüngeren Vergangenheit haben wir gesehen, dass nach der Beendigung von Kriegen mehrmals Sondertribunale eingerichtet worden sind, bisher nach den Jugoslawienkriegen, den Kämpfen in Ruanda, Kambodscha und zuletzt

2005 im Libanon. Seit 2002 gibt es außerdem den Internationalen Strafgerichtsgerichtshof der Vereinten Nationen mit Sitz in Den Haag. Seine Aufgabe ist es, Kriegsverbrecher vor Gericht zu bringen und gegebenenfalls zu verurteilen. Das System ist nicht perfekt, die großen Staaten, die in der Vergangenheit für mehrere Kriege mitverantwortlich waren, haben das sogenannte Römische Statut, die juristische Grundlage für den IStGH, bis heute nicht ratifiziert. Das heißt, sie erkennen die Entscheidungen des Internationalen Strafgerichtshofes nicht an.

Die Vorstellung, einen Kriegsverbrecher wie Wladimir Putin nach dem Krieg nach Den Haag zu schicken und ihm den Prozess für die Kriegsverbrechen in der Ukraine zu machen, ist zwar schön, realistisch ist sie nicht. Es bräuchte entweder seine Verhaftung im Ausland oder seine Auslieferung aus Russland. Ohne fundamentalen Umbruch in Russland wird dies nicht erfolgen.

Der Internationale Gerichtshof ist mit Blick auf die Großmächte (und Mitglieder des Sicherheitsrates) also ein relativ stumpfes Schwert und nur bedingt zur Abschreckung geeignet. Das *ius ad bel-*

Die Vorstellung, einen
Kriegsverbrecher
      wie Wladimir Putin
nach dem Krieg nach
Den Haag zu schicken
      und ihm den
Prozess für die
Kriegsverbrechen
      in der Ukraine
      zu machen,
            ist zwar schön,
 realistisch ist sie nicht.

lum funktioniert vor allem aufgrund des Eigeninteresses der Staaten, soll Kriege nicht verhindern, sondern sie regulieren. Berücksichtigt man diesen Ansatz, ist klar, dass internationale Organisationen nicht davon ausgehen, dass Kriege vermieden werden können. Es ist vielmehr notwendig, die mit Sicherheit kommenden gewalttätigen Konflikte einzuschränken.

Neben den Schiedssprüchen des Internationalen Strafgerichtshofes drückt sich die Verrechtlichung internationaler Beziehungen in einem weiteren Aspekt aus: Instanzen, die mäßigend auf Konflikte einwirken sollen und die von Staaten angerufen werden können, noch bevor Konflikte militärisch eskalieren. An vorderster Stelle ist hier der Ständige Schiedshof zu nennen, der seinen Sitz ebenfalls in Den Haag hat. Er ging aus den Haager Friedenskonferenzen von 1899 und 1907 hervor. Allerdings trifft er keine juristisch verbindlichen Entscheidungen, sondern bietet nur den strukturierten Rahmen für Konfliktparteien, damit diese ihre Streitigkeiten gütlich beilegen. Weiterhin zu nennen ist der 1996 eingerichtete Internationale Seegerichtshof mit Sitz in Hamburg, der auf der Grundlage des Seerechtsübereinkommens der Vereinten Nationen arbeitet.

Diese Institutionen leiden an den gleichen Problemen. Zum einen unterwerfen sich ihnen nicht alle Staaten. Es gibt viele Länder, die sie gar nicht anerkennen, darunter, wie erwähnt, gerade politisch und wirtschaftlich einflussreiche Staaten. Zum anderen müssen Staaten, selbst wenn sie sich diesen Instanzen unterworfen haben, deren Schiedssprüche nicht automatisch akzeptieren. Wenn sie es doch tun, dann nicht aufgrund der Rechtsprechung, sondern aufgrund der Tatsache, dass Staaten keinen Krieg führen wollen. Indem sie die internationale Rechtsprechung anerkennen, können sie einen Krieg, den sie nie wirklich wollten, ohne Gesichtsverlust absagen. Das bedeutet aber auch, dass diese Schiedsgerichte eine politische Führung, die es ernsthaft auf einen Krieg anlegt, nicht von ihrem Vorhaben abhalten können.

Auch in politisch relevanten Bereichen — ganz ohne Kriegsgefahr — ignorieren Staaten gerne Sprüche, wenn ihre Umsetzung zu ihrem Nachteil wäre. So entschied der Ständige Schiedshof im Jahr 2016 über einen Streit zwischen den Philippinen und China. China fährt seit 2009 einen aggressiven Kurs im Südchinesischen Meer. Es beansprucht rund 90 Prozent des Gebietes für sich, beruft sich dabei auf sein historisches Territorium und erkennt die Staatsgebiete anderer Länder nicht an. Inoffiziell spricht man von der »Neun-Striche-Linie«, mit der China, eingezeichnet auf einer Landkarte, seine territorialen Ansprüche markiert hat. Anerkannt wird die Neun-Striche-Karte nicht, dennoch fühlt sich China im Recht, Hoheitsgebiete Vietnams, Malaysias, Taiwans und der Philippinen zu befahren, ihre Ressourcen abzubauen und dort Marine-Einheiten zu stationieren. Die Volksrepublik verfügt zudem über die größte Marine der Welt und setzt sie dort ein, um ausländische Schiffe zu behindern und festzusetzen. Peking verhinderte so auch die Erschließung einer fossilen Energiequelle der Philippinen. 2013 ging die Regierung in Manila juristisch gegen Chinas Maßnahmen vor und zog vor den Schiedshof. Der entschied im Sinne der Philippinen und stellte klar, dass die chinesischen Ansprüche aufgrund historischer Begebenheiten rechtlich nicht ausschlaggebend seien. China fuhr schon während der Verhandlungen eine Kampagne gegen den Schiedshof und die Philippinen, um ein negatives Urteil von vornherein zu delegitimieren. Als das Urteil vorlag, war die Reaktion wenig überraschend: China erkannte es nicht an. Weil man sich an dem Verfahren nicht beteiligt habe, sei auch das Ergebnis nicht relevant, argumentierte Peking. China agiert weiterhin aggressiv im Südchinesischen Meer.

Der entscheidende Punkt bei internationalen Instanzen ist also, ob die Staaten sie anerkennen, sich ihren Entscheidungen unterwerfen und auf dieser Grundlage Konsequenzen ziehen. In dem Fall können militärische Konflikte durchaus verhindert werden. Doch das ist nicht die Regel. Dort, wo Staaten Schiedssprüche ignorieren, weil sie nicht im eigenen Interesse sind, stößt das System schnell an seine Grenzen. Gleichzeitig hofft man, dass die immer stärkere Normensetzung Auswirkungen auf das Verhalten von Staaten hat und sie im internationalen Bereich reguliert. Das kann etwa dazu führen, dass Staaten keine Munition mehr kaufen, die international geächtet ist, um sich erst gar keine Probleme einzuhandeln. Es gibt auch ein zweites Ziel: Internationale Regeln sollen auf Gesellschaften wirken, die von ihrer politischen Führung das Einhalten dieser Normen verlangen.

Unbestreitbar ist, dass es Staaten wichtig ist, sich scheinbar an das Völkerrecht zu halten, selbst wenn sie Krieg führen. Wir konnten sehen, dass die USA 2003 erhebliche Mühen auf sich genommen haben, um ein Mandat für ihren Angriffskrieg auf den Irak zu erhalten. US-Außenminister Colin Powell hielt vor den Vereinten Nationen eine denkwürdige Rede, in der er sich für den Sturz Saddam Husseins aussprach, weil dieser Massenvernichtungswaffen und mobile Biowaffenlabore besessen haben soll. Das war eine Lüge. Powell sollte seinen Auftritt später als den »Schandfleck meiner Karriere«[34] bezeichnen. Zum Zeitpunkt dieser Rede hatte sich die Regierung von George W. Bush schon längst entschlossen, den Irak anzugreifen, ganz gleich, was der Sicherheitsrat entscheiden würde. Dennoch wollte sie das Mandat, denn aus der Perspektive der Vereinigten Staaten legitimierte und legalisierte es den geplanten Krieg: nicht nur vor anderen Staaten, auf deren Unterstützung die USA hofften, sondern auch vor der amerikanischen Bevölkerung und gegebenenfalls vor der Bevölkerung anderer Staaten.

Auch die Russische Föderation suchte nach einer völkerrechtlichen Argumentation, die die Invasion der Ukraine rechtfertigen könnte. Zuerst war es der angeblich notwendige Schutz der russischstämmigen Bevölkerung im Donbass vor einem angeblich bevorstehenden (nicht existenten) Genozid durch die Ukraine. Dann war es eine präventive Verteidigung, weil die Ukraine ihrerseits kurz vor einem Angriff auf Russland gestanden haben soll. Zudem vermied der Kreml lange das Wort Krieg und führte sogar Gesetze ein, die die Verwendung des Begriffs mit Bezug zur Ukraine unter Strafe stellte, und sprach stattdessen von einer »Spezialoperation«. Neben der innenpolitischen Dimension geschah das alles auch mit Blick auf das Völkerrecht, das Krieg verbietet, Selbstverteidigung aber erlaubt.

Es ist interessant, dass Staaten bestrebt sind, ihre militärischen Aktionen mit völkerrechtlichen Argumenten zu garnieren, um diese Kriege gegenüber ihrer eigenen Bevölkerung, ihren Verbündeten und den Gesellschaften in anderen Ländern zu legitimieren und legalisieren. Wir sehen aber gleichzeitig, dass die Normen Staaten nicht davon abhalten können, Krieg zu führen, wenn sie darauf

Normen
wirken nicht —
gerade wenn es
um Krieg und
Frieden geht —,
weil es sie gibt,
sondern weil
es Mächte gibt,
die an ihrer
Umsetzung
interessiert sind
und auf ihre
Einhaltung bestehen.

abzielen. Meines Erachtens resultiert das aus der falschen Annahme, dass Normen per se eine Wirkung entfalten können. Doch Normen wirken nicht — gerade wenn es um Krieg und Frieden geht —, weil es sie gibt, sondern weil es Mächte gibt, die an ihrer Umsetzung interessiert sind und auf ihre Einhaltung bestehen. Die Idee, dass man Kriege durch eine starke Verrechtlichung minimieren kann, leidet letzten Endes an dem Problem, dass es Staaten braucht, die diese Regeln auch durchsetzen. Das ist die eigentliche Aufgabe des Sicherheitsrates der Vereinten Nationen. Wenn er aufgrund unterschiedlicher Interessen der ständigen Mitglieder handlungsunfähig ist, sind die Chancen, einen Krieg verhindern zu können, marginal. Insbesondere gilt das für die ständigen Mitglieder selbst, die sich bei kleinen und mittelgroßen Staaten auf Sanktionen einigen können, ihre eigenen Aktionen aber immer schützen werden. Das System hat dort seine Grenzen, wo sich Staaten nicht unterwerfen wollen.

Fazit: Welcome to the Jungle

In den vorhergehenden Kapiteln habe ich verschiedene Ansätze der Politikwissenschaft erläutert, die versuchen, die Ursachen für Kriege zu bestimmen, und die Stärken und Schwächen in ihrer jeweiligen Argumentation dargelegt. Es wurden auch Strategien vorgestellt, mit denen die Hoffnung verbunden ist, dass mit ihnen Kriege verhindert werden können, wenngleich nie gänzlich ausgeschlossen.

Was folgt daraus? Für unser Verständnis und unser Verhältnis zu Krieg müssen wir uns bewusst machen, dass gewalttätige und organisierte Auseinandersetzungen zwischen sozialen Gruppen so alt sind wie die Menschheitsgeschichte selbst. Krieg dominiert die Geschichte zwar nicht, tritt jedoch periodisch immer wieder auf. Anhand der wenigen illustrierten empirischen Beispiele sollte deutlich geworden sein, dass soziale Gruppen und Staaten immer wieder einen Anlass zum Kriegführen finden. Und das trotz der unglaublich hohen humanitären und ökonomischen Kosten, die Kriege mit sich bringen. Staaten nehmen diese Kosten immer wieder in Kauf, um bestimmte politische Ziele zu erreichen, die sie mit anderen Mitteln nicht bewerkstelligen konnten.

Es gibt nur eine Lösung: Wir müssen uns wieder an Krieg gewöhnen. Ein Blick auf die Landkarte des 21. Jahrhunderts zeigt, wie allgegenwärtig innerstaatliche und zwischenstaatliche Kriege sind. Nur einige Beispiele: Es gibt Bürgerkriege in Niger, Äthiopien und Syrien. Aserbaidschan und Armenien bekriegen sich nicht zum ersten Mal wegen der Grenzregion Bergkarabach. Die Spannungen zwischen Kosovo und Serbien wachsen. Die Weltgemeinschaft befürchtet schon seit längerer Zeit, dass Peking den Versuch einer militärischen Eingliederung Taiwans unternehmen könnte. In unserem europäischen Bewusstsein ist der Krieg seit dem 24. Februar 2022 mit all seiner Dramatik und seinen Folgen für den ganzen Kontinent wieder präsent. Der russische Angriff auf die Ukraine ließ einen Großteil der Menschen in der Erkenntnis aufschrecken, dass Krieg als politisches Instrument auf die Bühne der internationalen Politik zurückgekehrt ist.

Doch das ist kein neues Phänomen, wir wollten es nur nie sehen. In anderen Teilen der Welt war Krieg als Instrument der zwischen- und innerstaatlichen Auseinandersetzung nie abwesend. In vielen Regionen dieser Welt, insbesondere Subsahara-Afrika, im Nahen und Mittleren Osten war (und ist) Krieg immer präsent. Krieg war hier tatsächlich, um mit Clausewitz zu sprechen, die Fortsetzung (oder sogar Umsetzung) der Politik mit anderen Mitteln. Das Heidelberger Institut für Internationale Konfliktforschung[35] erfasst jährlich weltweite Konflikte und unterteilt sie in gewalttätige Krisen, begrenzte Kriege und voll eskalierte Kriege. 2021 zählte es insgesamt 204 Gewaltkonflikte, darunter 20 voll eskalierte Kriege. Im neuesten Datensatz für 2022 ist die Zahl der gewalttätigen Konflikte in allen Kategorien gestiegen und steht bei 216.

Trotz einer jahrzehntelangen Ausblendung dieses regelmäßig auftretenden Phänomens müssen wir Krieg als Teil einer Normalität begreifen, die uns auch im 21. Jahrhundert weiterhin begleiten wird. Sei es in begrenzter Form gewalttätiger innerstaatlicher Konflikte in Afrika und Asien oder in seiner großen, überwältigenden Erscheinungsform wie dem russischen Angriffskrieg und der Gefahr einer Invasion Taiwans durch die Volksrepublik China. Krieg ist unter uns. Krieg ist mit uns. Alle Versuche, ihn als Instrument der Auseinandersetzung in die Vergangenheit zu verbannen, sind zum Scheitern verurteilt.

Das bedeutet nicht, dass man nicht weiterhin Anstrengungen unternehmen sollte, die Kriegswahrscheinlichkeit zu minimieren und Konflikte gewaltfrei zu lösen. Wir müssen aber das Faktum akzeptieren, dass es Situationen gibt, in denen diese Anstrengungen scheitern werden. Es wird Situationen geben, in denen eine Seite einen Krieg will und ihn führen wird.

Wir müssen Kriege aber nicht nur akzeptieren, wir müssen sie auch verstehen. Das ist eine gesellschaftliche Aufgabe, die viel zu lange vernachlässigt worden ist. Durch die Abwesenheit von Kriegen auf dem europäischen Kontinent (die

Jugoslawienkriege waren in diesem Sinne relativ kleine und begrenzte Kriege) fehlt uns jegliches Verständnis dafür, wie Kriege geführt werden.

Kriege zu verstehen, ist meines Erachtens genauso wichtig, wie Kriege als immer wiederkehrendes Kontinuum internationaler Politik zu akzeptieren. Daraus resultiert natürlich eine besondere Aufgabe für Politik und Wissenschaft, nämlich immer wieder darauf hinzuweisen, dass die Vorstellung einer von Krieg und Gewalt befreiten Welt eine Illusion ist. Es resultiert daraus ebenso die Verpflichtung, breite Teile der Bevölkerung über Krieg in all seinen sozialen, militärischen, politischen, ökonomischen und ökologischen Dimensionen aufzuklären. Nur so können Gesellschaften begreifen, dass wir in absehbarer Zukunft in keiner friedlichen und kooperativen Welt leben werden, sondern das internationale Gefüge konfliktiv und konfrontativ bleiben wird.

Nicht nur die Aufklärung wird zur Aufgabe der staatlichen Politik, sondern auch die Vorbereitung und Antizipation. Das betrifft die Notwendigkeit, Streitkräfte verteidigungsfähig — oder, wie es der deutsche Verteidigungsminister Boris Pistorius ausdrückte, kriegsfähig — zu halten UND sie dafür entsprechend auszurüsten, damit sie ihre in den Verfassungen europäischer Staaten niedergeschriebenen Aufgaben auch tatsächlich erfüllen können. Zum Wohle ihrer Gesellschaften — und letzten Endes des Friedens.

Auch im 21. Jahrhundert gilt das über zweitausend Jahre alte Sprichwort:

> »*Si vis pacem para bellum.*«
> »Wenn du den Frieden willst,
> bereite den Krieg vor.«

Anmerkungen und Quellen

1 Homer: Illias, XIII. Gesang, 635.

2 Pinker, Steven: Gewalt. Eine neue Geschichte der Menschheit, Frankfurt/M. 2011, und die substanzielle Kritik von Braumoeller, Bear F.: Only the Dead. The Persistence of War in the Modern Age, Oxford 2019.

3 Singer, J. David: The Level-of-Analysis Problem in International Relations, in: World Politics 14 (1), 1961, S. 77–92.

4 Siehe hierzu: Sarkees, Meridith Reid, Non-state Wars (Version 4.0): Definitions and Variables, 30.06.2010, Correlates of War Project, unter: https://correlatesofwar.org/wp-content/uploads/Inter-StateWars_Codebook.pdf

5 Clausewitz, Carl von: Vom Kriege, Hamburg 1963, S. 22.

6 Waltz, Kenneth N.: Theory of International Politics, Reading (Mass) 1979.

7 Morgenthau orientierte sich dabei an dem amerikanischen evangelischen Theologen Reinhold Niebuhr, besonders an dessen Buch »Moral Man and Immoral Society«: Niebuhr, Reinhold: Moral Man and Immoral Society: A Study in Ethics and Politics, New York 1932.

8 Hobbes, Thomas: Leviathan, Stuttgart 1986.

9 Waltz, Kenneth: Man, the State, and War, 2. Aufl., New York 2018.

10 »If men define situations as real, they are real in their consequences.« Thomas, William Isaac/Thomas, Dorothy Swaine: The Child in America: Behavior Problems and Programs, New York 1928, S. 571–572.

11 Jervis, Robert: Perception and Misperception in International Politics, Princeton 1976.

12 Dieser bekannte Satz lehnt sich eng an die weniger griffig formulierte Feststellung von Helmuth von Moltke an: »Kein Operationsplan reicht mit einiger Sicherheit über das erste Zusammentreffen mit der feindlichen Hauptmacht hinaus.« Moltke, Helmuth von: »Über Strategie«, in: Clausewitz, Carl von/Moltke, Helmuth von: Kriegstheorie und Kriegsgeschichte, hrsg. von Reinhard Stumpf, Frankfurt/M. 1993, S. 430.

13 https://www.dni.gov/files/documents/Summary%20of%202016%20Information%20Regarding%20United%20States%20Counterterrorism%20Strikes%20Outside%20Areas%20of%20Active%20Hostilities.pdf

14 Müller, Harald: Antinomien des Demokratischen Friedens, in: Politische Vierteljahresschrift 43 (1), 2002, S. 46–81.

15 Werner, Suzanne: The Effect of Political Similarity on the Onset of Militarized Disputes, 1816–1985, in: Political Science Quarterly 53 (2), 2000, S. 343–374.

16 Daase, Christopher: Demokratischer Frieden — Demokratischer Krieg. Drei Gründe für die Unfriedlichkeit von Demokratien, in: Schweitzer, Christine/Aust, Björn/Schlotter, Peter (Hrsg.): Demokratien im Krieg, Baden-Baden 2004, S. 53–71.

17 Reiter, Dan/Stam, Allan: Democracies at War, Princeton 2002.

18 Eisenhower, Dwight D.: Farewell Radio and Television Address to the American People, 17.01.1961, in: Public Papers of the Presidents of the United States, Dwight D. Eisenhower. 1960–61, Washington, D.C. 1961, S. 1038.

19 https://www.nzz.ch/international/china-beschleunigt-seine-nukleare-aufruestung-ld.1653624?reduced=true

20 Brodie, Bernard: The Absolute Weapon: Atomic Power and World Order, San Diego 1946.

21 Czempiel, Ernst-Otto: Friedensstrategien, 2. Aufl., Wiesbaden 1998.

22 https://www.britannica.com/topic/asymmetrical-warfare

23 https://de.statista.com/statistik/daten/studie/264176/umfrage/gefallene-us-soldaten-in-vietnam/

24 Glaser, Charles L.: Rational Theory of International Politics: The Logic of Competition and Cooperation, Princeton 2010.

25 Vgl. zu der gesamten Debatte: Lynn-Jones, Sean M.: Offense-Defense Theory and Its Critics, in: Security Studies 4 (4), 1995, S. 660–691.

26 Copeland, Dale: Origins of Major War, Cornell 2001.

27 Vgl. Czempiel, Ernst-Otto, a.a.o.

28 Artikel 2, Absatz 4 UN-Charta: »Alle Mitglieder unterlassen in ihren internationalen Beziehungen jede gegen die territoriale Unversehrtheit oder die politische Unabhängigkeit eines Staates gerichtete oder sonst mit den Zielen der Vereinten Nationen unvereinbare Androhung oder Anwendung von Gewalt.«

29 Artikel 51 UN-Charta: »Diese Charta beeinträchtigt im Falle eines bewaffneten Angriffs gegen ein Mitglied der Vereinten Nationen keineswegs das naturgegebene Recht zur individuellen oder kollektiven Selbstverteidigung, bis der Sicherheitsrat die zur Wahrung des Weltfriedens und der internationalen Sicherheit erforderlichen Maßnahmen getroffen hat. Maßnahmen, die ein Mitglied in Ausübung dieses Selbstverteidigungsrechts trifft, sind dem Sicherheitsrat sofort anzuzeigen; sie berühren in keiner Weise dessen auf dieser Charta beruhende Befugnis und Pflicht, jederzeit die Maßnahmen zu treffen, die er zur Wahrung oder Wiederherstellung des Weltfriedens und der internationalen Sicherheit für erforderlich hält.«

30 Axelrod, Robert: The Evolution of Cooperation, New York 1986.

31 Vgl.: Keohane, Robert O./Martin, Lisa: The Promise of Institutionalist Theory, in: International Security 20 (1), 1995, S. 39–51.

32 Wendt, Alexander: Driving with the Rearview Mirror: On the Rational Science of Institutional Design, in: International Organizations 55 (4), 2001, S. 1019–1049.

33 https://www.spiegel.de/panorama/angela-merkel-lettlands-ex-praesident-kritisiert-ex-kanzlerin-wegen-russland-politik-a-ac273300-f586-4648-85cb-4d3f6f65b18d

34 https://www.faz.net/aktuell/politik/europaeische-union/irak-krieg-powell-schandfleck-meiner-karriere-1255325.html
35 https://hiik.de/

Alle Weblinks wurden zuletzt am 23.10.2023 abgerufen.

Der Autor

Carlo Masala ist Professor für internationale Politik sowie Direktor des Center for Intelligence and Security Studies, Mitherausgeber der *Zeitschrift für Internationale Beziehungen* (ZIB) und der Zeitschrift SIRIUS. *Journal für Strategische Studien,* Mitglied des wissenschaftlichen Beirats der Bundesakademie für Sicherheitspolitik sowie der Enquete-Kommission zum Afghanistan-Einsatz Deutschlands. Im Jahr 2023 wurde er mit der Lichtenberg-Medaille in Gold der Niedersächsischen Akademie der Wissenschaften zu Göttingen sowie mit dem Ulrich L.-Rohde-Preis der Universität der Bundeswehr München ausgezeichnet. Der Bestsellerautor und Co-Host des Podcasts *Sicherheitshalber* über Fragen der Sicherheitspolitik ist der gefragteste Militärexperte des deutschen Sprachraums.

@christophbusse.de

Impressum

Liebe Leser*innen,
bleiben wir in Verbindung!
Wir freuen uns auf Ihre Anregungen, Kritik und Wünsche.

leserbrief@brandstaetterverlag.com

Für Informationen und weitere Titel
aus der Reihe **Auf dem Punkt** besuchen Sie

2. Auflage, 2024

ISBN 978-3-7106-0705-9

Papier: Salzer EOS 1,5-fach (FSC®- und PEFC-zertifiziert)
Gedruckt in der EU.

Redaktionelle Mitarbeit: Patrick Krammer
Grafische Gestaltung: Capitale Design Studio
Schriften: Grotta, Novel Pro
Lektorat: Matthias Michel
Projektleitung: Judith E. Innerhofer

Wir tragen Verantwortung

Aus diesem Grund haben wir uns auf den Weg gemacht, um unseren Einfluss auf das Klima und auf den Planeten zu minimieren. Anstelle von Kompensationszahlungen, und über die üblichen Umweltlabel hinausgehend, haben wir uns das Ziel gesteckt, den CO_2-Ausstoß auf allen Ebenen signifikant zu verringern — entlang der gesamten Wertschöpfungskette von der Idee bis zum Buch in Ihren Händen. Mehr Informationen finden Sie unter

www.brandstaetterverlag.com/nachhaltigkeit